浙江传统家规读本

哲纪 编

浙江出版联合集团
浙江人民美术出版社

图书在版编目（CIP）数据

浙江传统家规读本 / 哲纪编. -- 杭州：浙江人民美术出版社，2016.10（2017.7 重印）
ISBN 978-7-5340-5297-2

Ⅰ. ①浙… Ⅱ. ①哲… Ⅲ. ①家庭教育—浙江 Ⅳ. ①G78

中国版本图书馆CIP数据核字(2016)第229529号

责任编辑： 徐　硕　罗仕通
装帧设计： 傅笛扬
责任校对： 余雅汝　张金辉
责任印制： 陈柏荣

浙江传统家规读本

哲纪　编

出版发行：浙江人民美术出版社
（杭州市体育场路347号）
网　　址：http://mss.zjcb.com
经　　销：全国各地新华书店
制　　版：杭州真凯文化艺术有限公司
印　　刷：浙江新华数码印务有限公司
版　　次：2016年10月第1版 · 第1次印刷
2017年 7 月第1版 · 第4次印刷
开　　本：880mm × 1230mm　1/32
印　　张：8.625
字　　数：162千字
书　　号：ISBN 978-7-5340-5297-2
定　　价：40.00元

前　言

“没有规矩，不成方圆”，而国有国法，家有家规。家规，作为社会的单位——家庭的准则规范，历来受到中国人的重视，也被一代代大家所推崇。

《大学》所谓，修身齐家治国平天下。家训家规，传达的是一个家庭或者一个家族的文化基因，是中华民族传统文化的重要内容。家训家规一代一代地传递、延续，并在此基础上形成家风，家风好不好，直接影响了这个家庭或者这个家族能否兴旺。

家训家规在新时代，也是社会主义核心价值观的微观体现和具体呈现，传统家训家规中的和谐、诚信、友善等理念在践行和弘扬社会主义核心价值观、引领社会风尚中有其独特的作用。

习近平总书记在2015年春节团拜会时指出："不论时代发生多大变化，不论生活格局发生多大变化，我们都要重视家庭建设，注重家庭、注重家教、注重家风，紧密结合培育和弘扬社会主义核心价值观，发扬光大中华民族传统家庭美德，促进家庭和睦，促进亲人相亲相爱，促进下一代健康成长，促进老年人老有所养，使千千万万个家庭成为国家发展、民族进步、社会和谐的重要基点。"习近平总书记多次强调："领导干部的家风，不是个人小事、家庭私事，而是领导干部作风的重要表现。""每一位领导干部都要把家风建设摆在重要位置，廉洁修身、廉洁齐家，在管好自己的同时，严格要求配偶、子女和身边工作人员。"

王岐山同志在中央纪委六次全会工作报告上也指出："大力弘扬中华民族优秀传统文化，汲取家规家风、乡规民约中的精华，扬真抑假、扬善抑恶、扬美抑丑，移风易俗，推动社会风气持续好转。"

浙江是文献之邦，人杰地灵，风俗醇美，在历史上涌现了许多德才兼备的仁人志士，这一个个名字闪亮在历史的星空，而他们温情和充满智慧的家训家规也代代相传。爱国、清廉、勤俭、勇义、和睦、好学……这些理念如今仍在留存至今的古村落的一砖一瓦间体现，更在生生不息的浙江人血脉中流淌。这是浙江宝贵的精神文明财富，值得在今天发扬光大。

倡导醇美和谐、精勤至善的家风家规，是培育新时代浙江精神，建设“两美浙江”的基础。涵养良好的家风家规，也是党员干部廉洁自律的重要保障。我们编辑出版《浙江传统家规读本》一书，旨在将传统家训家规和现代理念结合起来，通过对浙江传统优秀家训家规原典的解读，发掘家训家规中经久不衰的闪光点，引导党员干部带头树立良好家风，自觉践行社会主义核心价值观，以良好党风带动政风民风，营造风清气正的社会环境，以“干在实处，走在前列”的实际行动推进浙江的新发展。

编　者

2016 年 10 月

目　录

孔子：为政以德　诗礼传家

【原典】

为仁之本

有子曰："其为人也孝弟[1]，而好犯上者，鲜[2]矣；不好犯上，而好作乱者，未之有也。君子务本，本立而道生。孝弟也者，其为仁之本与！"

（《论语·学而》）

以道得之

子曰："富与贵，是人之所欲也，不以其道得之，不处也；贫与贱，是人之所恶也，不以其道得之，不去也。君子去仁，恶乎[3]成名？君子无终食之间违仁。造次必于是，颠沛必于是。"

（《论语·里仁》）

[1] 弟（tì）：同"悌"，敬爱兄长。
[2] 鲜（xiǎn）：少。
[3] 恶（wū）乎：何处。

过庭之训

陈亢[1]问于伯鱼[2]曰："子亦有异闻乎？"对曰："未也。尝独立，鲤趋而过庭。曰：'学诗乎？'对曰：'未也。''不学诗，无以言。'鲤退而学诗。他日，又独立，鲤趋而过庭。曰：'学礼乎？'对曰：'未也。''不学礼，无以立。'鲤退而学礼。闻斯二者。"陈亢退而喜曰："问一得三。闻诗，闻礼，又闻君子之远其子也。"

（《论语·季氏》）

兴观群怨

子曰："小子何莫学夫诗？诗，可以兴，可以观，可以群，可以怨。迩之事父，远之事君。多识于鸟兽草木之名。"

（《论语·阳货》）

为政以德

子曰："为政以德，譬如北辰[3]，居其所而众星共[4]之。"

子曰："道[5]之以政，齐之以刑，民免而无耻；道之以

[1] 陈亢：字子禽，春秋末年陈国人，孔子的学生。
[2] 伯鱼：即孔子的儿子孔鲤，字伯鱼。
[3] 北辰：北极星。
[4] 共：同"拱"，环抱，环绕。
[5] 道：同"导"，引导，领导。

德，齐之以礼，有耻且格[1]。”

（《论语·为政》）

有道无道

子曰：“直哉史鱼！邦有道，如矢；邦无道，如矢。君子哉蘧伯玉！邦有道，则仕；邦无道，则可卷而怀之。”

（《论语·卫灵公》）

慈孝友恭

谱牒[2]之设，正所以联同支而亲本。务宜父慈、子孝、兄友、弟恭，雍睦[3]一堂，方不愧为圣裔[4]。

好礼尚德

崇儒重道，好礼尚德，孔门素为佩服。为子孙者，勿嗜利忘义、出入衙门，有亏先德。

朝夕教训

祖训家规，朝夕教训子孙，务要读书明理，显亲扬名，勿得入于流俗，甘为下人。

（以上《孔氏祖训箴规》）

[1] 格：至，来；或释为正。
[2] 谱牒：记载某一宗族主要成员世系及其事迹的档案。
[3] 雍睦：团结，和谐。
[4] 圣裔：圣人的后裔。

【家规故事】

孔子（前551—前479），名丘，字仲尼，出生于春秋时期鲁国陬邑（今山东曲阜）。他是我国古代伟大的思想家，其核心思想是“仁”，创立的儒家学说主张积极入世，是中华文化最主要的源头。

孔门认为，一个人能孝顺父母、敬爱兄长，就不太会犯上作乱，所以孝悌是为仁之本；君子无论富贵与贫贱，都不会违背仁道。

在政治上，孔子强调为政以德的重要性，用道德来治理国家，就会像天上的北极星一样，自己岿然不动，而众星拱之。如果用行政命令来引导百姓，用法律手段来整顿百姓，百姓可免于刑罚，但没有廉耻之心；如果用道德教化来引导百姓，用礼乐规范来整顿百姓，百姓不仅有廉耻之心，而且人心归服。至于为政者，只有真正地施行仁义，品行正直，才会官运通达；如果只是表面上做做仁义的样子，那只是骗取名望而已。像史鱼、

孔子像

蘧伯玉这样的正直君子，孔子把他们看作施行仁义、为政以德的典范。

而在教育孩子的问题上，《论语》中也记载了孔子的一件事。

孔子的儿子叫孔鲤。一天，孔子的弟子陈亢问孔鲤："你在老师那里有听到一些特别的教训吗？"孔鲤回答说："没有。父亲有一天站在庭院中，我恭敬地走过。他问我：'学诗没有？'我说：'没有。'他说：'不学诗就不懂得如何说话。'于是我回去学诗。过了几天，他又一个人站在庭院中，我又恭敬地走过。他又问：'学礼没有？'我说：'没有。'他说：'不学礼就不懂得如何立身处事。'于是我回去学礼。我私下里就听到了这两番教训。"陈亢回去非常高兴地说："我问了一件事情，结果知道了三件事。知道了诗的重要，知道了礼的重要，还知道了君子对待自己儿子并没有偏私。"

孔鲤过庭受训的故事流传至今，大家耳熟能详，"鲤庭"一词也已成了父训的代名词。唐代诗人刘禹锡《酬郑州权舍人见寄》诗中有"鲤庭传事业，鸡树遂翱翔"句，用的就是这个典故。孔子重视诗对人的精神感化作用，《诗经》的"兴观群怨"作用就来自他精辟的总结。从做人的根本入手，孔子教育儿子要通过学诗学礼来掌握做人的道理，后世将之称为"诗礼传家"。

【引申】

北宋末年，金兵大举入侵，都城汴京（今河南开封）沦陷，徽宗、钦宗二帝被掳走，宋室南迁临安（今杭州）。建炎二年（1128），孔子的第四十八世孙——袭封衍圣公的孔端友带领族人背井离乡，随宋室南渡。宋高宗赵构赐孔氏家于衢州，将衢州州学作为孔氏家庙。人们则借用孔子在曲阜的“阙里”之名，将衢州孔氏家庙称为“东南阙里”。从此，衢州成为孔家的第二故乡，孔子在衢州的后裔也便有了“孔氏南宗”之称。孔氏南宗家庙是与山东曲阜孔庙并列的、全国仅有的两所孔氏家庙之一。

孔氏自南迁起，其后人就没有停止过衍圣弘道的脚步。据专家学者的研究，孔氏南宗与北宗最大的区别，是南宗孔子后人从庙堂走向民间，繁荣了市井文化，带动了经济社会的发展。“近水楼台先得月”，受此影响，追根溯源，自近九百年前孔端友带领族人南下衢州以来，衢州百姓便更深地受到了儒学熏陶，诚信、友善、仁爱的基因逐渐融入他们的血脉；仁爱精神所带来的诚信正直、崇礼尚义、责任奉献等优良传统，也深深扎根于衢州大地，为今天衢州甚至浙江更好地发展提供了精神和道德力量。

衢州孔氏南宗家庙

衢州南宗孔府

【箴言】

哀公问曰："何为则民服？"孔子对曰："举直错诸枉，则民服；举枉错诸直，则民不服。"

——《论语·为政》

子曰："居上不宽，为礼不敬，临丧不哀，吾何以观之哉？"

——《论语·八佾》

子游为武城宰，子曰："女得人焉尔乎？"曰："有澹台灭明者，行不由径，非公事，未尝至于偃之室也。"

子贡曰："如有博施于民而能济众，何如？可谓仁乎？"子曰："何事于仁，必也圣乎！尧、舜其犹病诸！夫仁者，己欲立而立人，己欲达而达人。能近取譬，可谓仁之方也已。"

——《论语·雍也》

子孙出仕者，凡遇民间词讼，所犯自有虚实，务从理断而哀矜勿喜，庶不愧为良吏。

——《孔氏祖训箴规》

杨震：四知辞金　清白传家

【原典】

务勤俭

勤俭者，起家之本，传家之宝也。立业之基，人生所当务也。勤而不俭，则财源于奢；俭而不勤，则财终于困。人世间，吾见名门世族，莫不由祖考勤俭，以为成立之本。下代之祸，莫不由子孙奢侈，以败家业。盖俭则富贵长保，家计不难振兴。倘男不务耕作，女不事机杼[1]，好逸恶劳，鲜衣美食，一旦娇惰习惯，俯仰无资，将祖上资财一败而空，拖衣漏食。凡我族人，当务勤俭。

安本分

本分者，人生分内当为之事也。未老不能享老之福，未贵不能享贵之福，未富不能享富之福。凡事尽在其中，不以干名

[1] 机杼（zhù）：指织布机。杼，织布梭子。

犯义[1]而取忧辱。人要经少、中、壮、老，享要与年龄相当，超前享受害自己，勤劳勇敢富终身。安分守己，立志做人。好逸恶劳，贪图享受，葬送自己。凡我族人，当共戒之。

禁非为

守法奉公，全躯保身之要道；灭理犯义，亏体辱亲之污行。工、农、商、学、兵，各有本业，为官为民，社会之分工。偷抢嫖娼，为非作歹，法律之不容。为人者，切忌把个人幸福建筑在他人痛苦之上。目不视恶色，耳不听恶声。长幼有别，老少有分，敬老尊贤，社会之美德。好淫喜赌，则是偷盗之祸根。吾族忠厚传家，清白世宗，岂容不肖子孙败坏家风。凡我族人，立应禁之。

（以上《杨氏规诫训语》）

【家规故事】

“凤凰山前白鹭飞，四水汇聚鱼儿肥。”素有“四水落明堂”美称的湍口镇迎丰村，位于临安市西南部，四周峰峦叠嶂，景色迷人。迎丰村村口有一座古色古香的文化礼堂——四知堂，它与历史上著名的清官杨震有关。

[1] 干名犯义：干犯名教和道义。

杨震（？—124），字伯起，弘农华阴（今陕西华阴）人，学通古今，教书二十年，弟子千余人，人称“关西孔子”。他还是东汉时期名臣，官至太尉（相当于宰相），位列“三公”。

史载，杨震在担任东莱太守期间，途经昌邑县，时任县令正好是由其举荐为官的王密。为感谢举荐之恩，王密夜晚前去拜见，并怀揣黄金，欲以之相赠。见杨震推辞，王密说：“暮夜无知，仰公受之。”意思是现在夜色已黑，没人会知道此事，借以打消他的顾虑。谁知杨震一听，正色斥责道：“天知、神知、我知、子知，何谓无知？”王密听了此言，羞愧而去。杨震暮夜拒贿的故事传为千古美谈，史称“四知辞金”。他一生清白治家，不置产业，被汉顺帝褒奖为“清白吏”。

杨氏后人为纪念这位品德高洁贤良的前辈，纷纷在各地建立祠堂供奉，迎丰村四知堂即是其中之一。相传元朝后期，杨氏后裔有兄弟二人为躲避天灾，携家眷从中原南下逃难，最后在杨村定居，这兄弟二人就是现在迎丰村内杨氏子孙的先祖。杨氏兄弟在杨村定居后，人丁逐渐兴旺，迎丰村目前近千人口中，杨氏后裔有一百六十余人，聚居在杨村自然村。自明朝初期开始，杨氏后人便筹资在村内建造了祠堂，这就是杨村最早的四知堂。四知堂经历代的沧桑变迁，如今正焕发出新的生机。

四知堂前景

【引申】

在杨氏族谱中，对后辈子弟提出了“忠孝勤俭”四字箴言，具体来说：“忠：上而事君，下而交友，此心不亏，终能长久；孝：敬父如天，敬母如地，汝之子孙，亦复如是；勤：日出而作，日入而息，凿井而饮，耕田而食；俭：量其所入，度其所出，若不节用，俯仰何益。”

同时，族谱中还明确了具体的规诫要求，形成了对家族子弟全面的约束，比如家训《杨氏规诫训语》中，什么该做什么不该做，都有明晰的规定。在法律尚不健全的封建社会，宗族起到了维护地方秩序稳定的重要作用，家规家训成为道德准则，而族长拥有执行家规家训的权力，有权在四知堂内和全体族人面前，对违背家规家训的族人实施惩戒。

《杨氏规诫训语》对杨氏族人有着恒久而深远的影响。杨震一生追求清白正直，这正是杨氏家训的重要内容，也是儒家仁政思想的重要体现。一堂留正气，“四知”仰高风。杨氏家训以“清白传家”作为家规祖训不断传承，是杨氏家族珍贵的历史遗产。

【箴言】

守法奉公，全躯保身之要道；灭理犯义，亏体辱亲之污行。居身务求质朴，训子要以孝义方。

——《杨氏规诫训语》

诸葛亮：清正光照千古　《诫子》流芳百世

【原典】

修身养德

夫君子之行，静以修身，俭以养德。非淡泊[1]无以明志，非宁静[2]无以致远。夫学须静也，才须学也，非学无以广才，非志无以成学。淫慢[3]则不能励精[4]，险躁[5]则不能治性[6]。年与时驰，意与日去，遂成枯落[7]，多不接世[8]，悲守穷庐[9]，将复何及！

（诸葛亮《诫子书》）

[1] 淡泊：恬静寡欲，不图功名富贵；生活简朴，不追求享受。
[2] 宁静：心情安静，专心致志。
[3] 淫慢：放纵轻浮。
[4] 励精：振奋精神，精益求精。
[5] 险躁：浮躁，不冷静。
[6] 治性：养成性格。
[7] 枯落：干枯衰落，此指年老力衰，学无所成。
[8] 接世：接触社会。
[9] 穷庐：简陋的房屋。

合礼致情

夫酒之设，合礼致情，适体归性，礼终而退，此和之至也。主意未殚，宾有余倦，可以至醉，无致迷乱。

（诸葛亮《又诫子书》）

志存高远

夫志当存高远，慕先贤，绝情欲[1]，弃凝滞[2]，使庶几[3]之志，揭然[4]有所存，恻然[5]有所感。忍屈伸[6]，去细碎[7]，广咨问，除嫌吝[8]，虽有淹留[9]，何损于美趣？何患于不济？若志不强毅，意不慷慨[10]，徒碌碌滞于俗[11]，默默束于情，永窜伏[12]于凡庸，不免于下流[13]矣！

（诸葛亮《诫外甥书》）

[1] 情欲：人的欲念，这里指贪欲。
[2] 凝滞：牵掣，障碍。
[3] 庶几：古时对贤能者的称呼。这里是几乎接近圣贤的意思。
[4] 揭然：明白，昭示。
[5] 恻然：心有所动。
[6] 屈伸：挫折顺利。这里专指挫折。
[7] 细碎：琐碎纷杂。
[8] 嫌吝：憎恶，不满意。这里指怨天尤人。
[9] 淹留：停留。
[10] 慷慨：开阔，高昂。
[11] 俗：庸俗，世俗。
[12] 窜伏：混杂。
[13] 下流：指没有出息，缺乏教养。

【家规故事】

自汉朝到隋唐，诸葛家族代有人才出，诸葛亮是其中的佼佼者。诸葛亮（181—234），字孔明，琅玡阳都（今山东临沂）人，三国时期蜀汉丞相，杰出的政治家、军事家和文学家，关于他的事迹和传说，在中国是妇孺皆知。

诸葛亮的先祖诸葛丰，汉时为司隶校尉，负责纠举官吏的不法行为。他尽忠职守，以法为准，不计个人得失，因而多次得罪皇帝和权臣，被连连削职，最后终老于家中。不过他却得到了社会给予的“名特立刚直”的赞语。

诸葛亮像

作为诸葛丰后裔，诸葛亮在从政期间继承祖传家风，执法甚严。《三国志》的作者陈寿评价他：“尽忠益时者虽仇必赏，犯法怠慢者虽亲必罚；服罪输情者虽重必释，游辞巧饰者虽轻必戮；善无微而不赏，恶无纤而不贬。”执法严正之外，在蜀位极人臣的诸葛亮自己更是为官清廉，除俸禄外，从不另治家产，别敛财富。有一次，他对后主刘禅说：“臣在外任，别无调度，随身衣食，悉仰于官，不别治生，以长尺寸。”即是说自己做官时没有其他进项，衣食所需全部来自俸禄，从不做别的营生以增加个人收入。据史书记载，诸葛亮死后确如其所言，一生廉洁，无私而来，清白而去。

在彪炳青史的政绩之外，诸葛亮还留下了一封流芳百世的

兰溪诸葛村诸葛氏祭祖大典（吴建清/摄）

《诫子书》。这是他临终写给儿子诸葛瞻的家书，内容只有短短八十六字，言简意赅又发人深省，表达了一位智者父亲对儿子殷殷劝诫之意，其底色是亲情，是爱，是对人生负责的态度。里面所述说的道理，不仅对诸葛瞻，而且对所有后来者来说，都有着积极的引导作用，以至于千百年来人们一直钟爱着它。

【引申】

浙江兰溪诸葛村，是诸葛亮后裔在全国的最大聚居地。早在元代中期，诸葛亮二十七世孙诸葛大狮就带领家族迁至高隆岗（今诸葛村）定居，并以诸葛亮《诫子书》为宗，将“静以修身、俭以养德”等家风传承至今。

在历史流变过程中，诸葛后裔逐渐完善了一套完备且严格的家规家训，并刊载在《宗谱》卷首，以此规范族人的行为和道德准则。这些家规家训被称为《诸葛氏家规》，共计十五条，内容涉及为人处世的方方面面，从修身立德、课书学艺到婚姻丧事、敬宗祭祖，乃至言行举止、生活细节等等，皆有严格规定；提倡什么，反对什么，禁止什么，一一列明，且订有罚则，便于执行。比如：“孝为百行之原，本原一亏，则他端俱无足取。”“祖遗房屋、坟茔、山塘、田地等业，势豪不得霸占，贫户不得侵损。其可租赁者，必须禀明族长，立札交租。倘有恃玩者，以灭祖论。”

兰溪诸葛村大公堂内景（吴建清 / 摄）

兰溪诸葛村大公堂（吴建清 / 摄）

这些家规，对于调节家族内部的伦理和贫富关系、凝聚家族、和睦乡里、规范子孙操行方面，都具有相当大的约束力和影响力。

据统计，诸葛村自明清以来，有进士七人，举人十二人，各类正途贡生四十三人，在《光绪兰溪县志》上列传的有三十九人，受到各种嘉奖的有二百多人。他们继承先祖遗风，勤于职守，廉洁自律，不受不污，安于清贫，赢得了后人的景仰与赞颂。

【箴言】

不傲才以骄人，不以宠而作威。

——诸葛亮《将苑·将诫》

贵而不骄，胜而不恃，贤而能下，刚而能忍。

——诸葛亮《将苑·将材》

族中贤能、仕宦及家业丰余者，需要敦睦九族，赈恤贫寡，鼓舞人才，崇祀宗祖，不得欺凌宗族，谋占产业，恃财倚势，任意作为，损坏阴阳两宅。宜博古征今，思前贤可法，视覆辙可鉴。作德于前，始发于身。身之不修，令名失坠，子孙必微！戒之！慎之！

——《诸葛氏家规》

王羲之：书圣家训魂　和孝规学义

【原典】

二十四字家训

上治下治，敬宗睦族。执事有恪[1]，厥功为懋[2]。敦厚[3]退让，积善余庆。

（《金庭王氏族谱》）

【家规故事】

王羲之（303—361），字逸少，号澹斋，东晋时期著名书法家，有“书圣”之称。祖籍琅玡（今山东临沂），东晋永和六年（350）定居会稽，晚年隐居剡县金庭（今浙江嵊州金庭镇）。历任秘书郎、宁远将军、江州刺史，后为会稽内史，领右军将军。其书法兼

[1] 恪：恭敬，谨慎。
[2] 懋（mào）：勤奋，努力。
[3] 敦厚：敦实宽厚。

嵊州王氏宗祠全景

嵊州王氏宗祠内王羲之坐像

善隶、草、楷、行各体，摆脱了汉魏笔风，自成一家，被誉为“尽善尽美”和“古今之冠”，影响极为深远。其代表作《兰亭序》（又名《兰亭集序》）被誉为“天下第一行书”。在书法史上，他与儿子王献之合称为“二王”，而他培养儿子王献之研习书法的故事更是脍炙人口，广为流传。

王献之是王羲之的第七个儿子，自幼聪明好学。他七八岁时始学书法，每日勤学苦练。

一天，献之向父亲请教习书法的秘诀，王羲之带他到院子里，指着院子里的十八只大缸说：“学习书法没有别的秘诀，你写完院里这十八缸水，你的字才会有筋有骨，有血有肉。”

献之听从父亲的话，一咬牙又练了五年后，自认为写得不错了，便把一大堆写好的字给父亲看，希望听到几句表扬的话。谁知，王羲之一张张看过去，竟一言不发，直到看到一个“大”字，才现出了较满意的表情，随手在“大”字下画了一个点，然后把字稿全部退还给儿子。

献之心中不解，又将全部习字抱给母亲看，母亲认真地看了，最后指着王羲之在“大”字下加的那个点儿，说：“只有这一点和你父亲写的很像。”

献之听后有些泄气了，说：“我已经练了五年，竟然还得不到父亲的真传。”母亲鼓励道：“按你父亲说的，写完十八缸水，

嵊州王羲之墓

自然会有成果！”

献之听完后深受鼓舞，又锲而不舍地练下去。功夫不负有心人，练字用尽了十八缸水后，献之在书法上果然突飞猛进，写的字也到了力透纸背、炉火纯青的程度，终于如愿继承了父亲的真传。

【引申】

浙江嵊州金庭镇华堂村是王羲之后裔的最大聚居地，自王羲之始，已历一千七百年左右。因其子孙后代多擅书画，将书画悬于厅堂，故其宅有“画堂”之称，后“画堂”易作村名“华堂”。当地历代王氏子孙中，出过一百二十余位官员，没有一人因贪墨而被罢官。另据史料载，金庭王氏家族自南北朝以来，一共走出了近二十位御史，并且都留下佳话，名垂青史。一个家族之所以能先后出如此多的监察官员，和整个家族的清廉之风是分不开的。王氏家族的规矩育人，已经深深嵌进了整个家族的基因里。

金庭王氏自王羲之迄今已有五十九世，经历代不断总结、完善家规家训，至乾隆五十七年重修宗谱时，时任嵊县教谕把口耳相传的王氏家训概括为“上治下治，敬宗睦族。执事有恪，厥功为懋”，并写入了《金庭王氏族谱序》之中。当地王氏后人根据居舍门额、回廊上的题字和治家格言，又加了“敦厚退让，积善余庆”八字。

通观金庭王氏家训家规，虽寥寥二十四字，但从治国的高度、国与家的关系开篇，最后落实到如何“做人”，可谓环环相扣，具体而微，融合了“和”“孝”“规”“学”“义”的核心理念。

和：上治下治。意为国泰才能民安，国治才能家治，同时家治也是国治的基础。也可理解为，领导者应该自律，即“上治”，自己做好表率，下属不治而治；被领导者，应该敬业爱岗，循守本分，尊重上司，团结同事，达到“下治”。这样的团队

嵊州华堂古村家规墙

才能和谐有为。

孝：敬宗睦族。意为孝敬长辈，和睦族人，与人为善，这是家族兴旺、社会和谐的基础。

规：执事有恪。意为做事须谨慎，讲究法度，进退要有分寸。

学：厥功为懋。意为不断进取，建功立业，为子孙树好榜样，勉励他们努力向善向上。

义：敦厚退让，积善余庆。意为品行忠厚，谦逊礼让，多积德行善，为子孙造福。

家训中特别是“执事有恪”一句，说明王氏家规里旗帜鲜明地要求整个家族做事要严守规矩，这在今天无疑有特别现实的意义。

【箴言】

政以道胜宽和为本……宜更虚己求贤，当与有识共之，不可复令忠允之言常屈于当权。

——王羲之《致殷浩书》

处宦如家，以仕为隐。

——《金庭王氏族谱序》

陈郡谢氏：子弟皆芝兰　风流满《晋书》

【原典】

小荷初露

此儿[1]风神秀彻[2]，后当不减王东海[3]。

（桓彝赞谢安语，见《晋书·谢安传》）

谈笑驱胡

三川北虏乱如麻，四海南奔似永嘉。但用东山[4]谢安石，为君谈笑静胡沙[5]。

（李白《永王东巡歌十一首·其二》）

安石定国

谢安石高卧东山，本无处世之意，而诸人每恨其不出，为

[1] 此儿：指幼时的谢安。
[2] 秀彻：清秀明达。
[3] 王东海：即王承，晋朝时期太原王氏子弟，被誉为东晋初年第一名士，有极高声誉。曾任东海太守，故又名王东海。
[4] 东山：位于今浙江省绍兴市上虞区西南。
[5] 胡沙：喻入侵中原的胡兵的势焰。

苍生忧。及见登用[1]，镇以和静，御以长算[2]。苻氏[3]率众百万，次于淮淝，京师震恐。夷然无惧色，指授[4]将帅，大致克捷[5]，劲寇土崩，中州席卷，江左[6]奠安，岂非实之能副其名者乎？

（归有光《震川先生别集》）

东山报捷

谢公与人围棋，俄而[7]谢玄淮上信至，看书竟，默然无言，徐向局[8]。客问淮上利害，答曰："小儿辈大破贼。"意色举止，不异于常。

（刘义庆《世说新语·雅量》）

【家规故事】

魏晋南北朝时期，陈郡谢氏一族在政治、军事、文艺方面人才济济，英杰辈出。它既是一个儒学、玄学世家，也是一个

[1] 登用：进用。
[2] 长算：长远之计。
[3] 苻氏：指前秦世祖宣昭皇帝苻坚，曾率兵攻打东晋。
[4] 指授：指示。
[5] 大致克捷：大获全胜。
[6] 江左：古代指长江下游以东的地方，即今江苏南部等地，此处指东晋。东晋及南朝宋、齐、梁、陈各代的基业都在江左，故当时人又称这五朝及其统治下的全部地区为江左。
[7] 俄而：不久。
[8] 徐向局：悠闲地转向棋局。

上虞谢安像

文艺世家，具有鲜明的家族文化特色，文艺方面所取得的成就在当时的门阀士族中首屈一指。

比如谢衡，以儒术显，曾官至国子祭酒，是西晋的“硕儒”。其子谢鲲，与竹林七贤交好，“好《老》《易》，能歌善鼓琴”，是一位多才多艺的玄学家。谢鲲的儿子谢尚，小时候被喻为“少年颜回”，长大后亦能歌善舞，文武双全——其舞技甚至让王导“一坐倾想”。至于谢安，在政治、军事才能之外，还善清谈，擅行书，通音乐。此外，谢氏家族中具有文学与艺术才能的杰出人物还有谢道韫、谢灵运、谢朓、谢庄等；军事方面则有谢石、谢玄、谢琰等人才。

一个家族里前后能出如此之多的人才，除了时代重视文艺的特殊风气之外，还与谢氏家族重视教育的家风相关。谢氏子弟的文学才华便来源于他们所接受的家族文学教育。

谢安（320—385），字安石，陈郡阳夏（今河南太康）人，东晋著名政治家。他在隐居会稽（今浙江绍兴）东山的时候，谢家子弟均由他亲自教育，从政后也没有放松。据刘义庆《世说新语》载：某个寒雪天，谢安举行家庭聚会，和子侄辈们谈诗论文。外面雪越下越大，谢安兴致高昂，便临时出考题：“白雪纷纷何所似？”侄子谢朗说：“撒盐空中差可拟。”侄女谢道韫则说：“未若柳絮因风起。”可以看出，这是一种非常轻松、灵活的教育方式。到了东晋末期，则由谢安的孙子谢混承担起家族教育的重任。

魏晋南北朝时期士族如林，陈郡谢氏能与琅琊王氏比肩，很重要的因素便是一代代子弟因家族对教育的重视而培养出的能力，使他们得以跻身时代的顶端。子弟皆芝兰，故而“王谢风流满《晋书》”。对一个家族来说，这可算是最大的荣耀了。

【引申】

唐代诗人刘禹锡有一首家喻户晓的《乌衣巷》诗：“朱雀桥边野草花，乌衣巷口夕阳斜。旧时王谢堂前燕，飞入寻常百姓家。”诗里的“王谢”，指的便是我国古代著名的两大门阀士族：琅琊王氏和陈郡谢氏。

东晋初的时候，陈郡谢氏还算不上高门，要到谢鲲、谢裒两兄弟开始，谢氏一族的地位才开始上升。谢鲲曾官至王敦大将军府长史，与桓温的父亲桓彝同列江左八达；弟弟谢裒曾官至太常卿。到了谢鲲子谢尚、谢裒子谢安这一辈，因学识才干高人一等，谢氏在与当时另外几个家族的角逐中遂异军突起。其中谢安更是谢氏一族中首屈一指的人物。

谢安少有盛名于朝野，儒雅风流，善清谈，初无意入世，不应征辟。当时的人们因此禁不住感慨：“安石不肯出，其如苍生何！”曾寓居会稽，流连山水，与王羲之、许询、支遁等名士名僧交好，并参与过兰亭雅集。一次在临安山中，谢安坐在石洞里，面对深谷，悠然叹道：“此般情致，与伯夷又有何区别？”

后来，坐镇豫州的兄弟谢万被黜，为保持家族地位，年逾四十的谢安开始出仕，被征辟为桓温征西大将军府司马——成语“东山再起”便出于此，因谢安此时隐居会稽东山。后历任吴兴太守、礼部尚书、中护军等职，并与王坦之一道，合谋挫

上虞晋代名贤牌坊

败了桓温把控朝政、谋夺帝位的阴谋，谢氏一族由此开始步入政治上的黄金期。不久，谢安升任尚书仆射，总领吏部，加封后将军，还统管中书省。他心存仁义，劝导百官，辅佐东晋，尽心尽力。其时，周边强敌频频侵犯，边境告急文书不断，谢安面对危机，却能镇定自若，凡事作长远计，并以宽仁安定内外，广行德政，使得文武百官同心同德。时人将其与出身琅玡王氏的东晋中兴功臣王导作比，甚至认为在文雅方面有过之。"江左风流宰相，惟有谢安。"

公元 383 年，前秦出兵伐晋。身为晋相的谢安派弟弟谢石、侄子谢玄领军对抗，双方于淝水进行最后的决战。最终东晋军在兵力悬殊的情况下以弱胜强，打败前秦军，这就是著名的"淝水之战"。当晋军胜利的捷报送达时，谢安正在和客人下棋。他看完捷报后，不动声色，把它放一旁，继续下棋。待到客人忍不住问战事情况如何的时候，谢安才淡淡地说："孩子们已打败敌人了。"下完棋，客人告辞后，谢安终于抑制不住心头的狂喜，进门时连木屐底上的屐齿都碰断了。

此役谢氏一族居功至伟，战后族中子弟因功受封，官列显位，家族声势随之大振。自此，陈郡谢氏真正奠定了其在当时士族中的地位，得以与琅玡王氏并列为第一流的高门。

苏六朋《东山报捷图》

上虞谢安墓

【箴言】

臣之微身，复何足惜，区区血诚，忧国实深。

——谢玄《疾笃上疏》

在官无当时誉，去后为人所思。

——《晋书·谢安传》

吴兴姚氏：开枝散叶　以德传家

【原典】

廉慎为师

辞金者，取其廉慎也。昔子罕[1]辞玉，以不贪为宝；杨震辞金，以四知为慎。列前古之清洁，为将来之龟镜[2]。……尔以金玉为宝，吾以廉慎为师；尔以夜昏可纳，吾将暗室不欺。若尔有赠，吾今取之，尔则丧宝，吾则怀非。故曰欲人不知，莫若无为；欲无悔吝，不若守慎。

（姚崇《辞金诫》）

冰清玉洁

冰壶者，清洁之至也，君子对之，示不忘乎清也。夫洞澈无瑕，澄空见底，当官明白者，有类是乎？故内怀冰清，外

[1] 子罕：春秋时宋国贤臣。
[2] 龟镜：龟可卜吉凶，镜能别美丑。因以比喻可供人对照学习的榜样或引以为戒的教训。

涵[1]玉润，此君子冰壶之德也。

玉本无瑕，冰亦至洁，方圆相映，表里皆澈，喻彼贞廉，能守其节。凡今之人，就列称臣，当官以害剥为务，在上以财贿为亲。岂异夫象之有齿，以焚其身；鱼之贪饵，必曝[2]其鳞？故君子让荣不忧，辞满[3]为珍，以备其德，以全其真。与其浊富，宁比清贫？……嗟尔在位，禄厚官尊，固当耸廉勤之节，塞贪竞[4]之门。冰壶是对，炯诫[5]犹存，以此清白，遗其子孙。

（姚崇《冰壶诫》）

素俭为贵

富贵者，人之怨也。贵则神忌其满，人恶其上；富则鬼瞰其室，虏利其财。自开辟已来，书籍所载，德薄任重而能寿考[6]无咎者，未之有也。……吾才不逮[7]古人，而久窃荣宠，位逾高而益惧，恩弥厚而增忧。

凡厚葬之家，例非明哲，或溺于流俗，不察幽明，咸以奢

---

[1] 涵：包含。
[2] 曝：暴露。
[3] 辞满：旧指官吏任期届满，自求解退。
[4] 贪竞：贪求竞进。
[5] 炯诫：也作“炯戒”，明白显著的鉴戒。
[6] 寿考：长寿。
[7] 逮：及。

厚为忠孝，以俭薄为悭惜，至令亡者致戮尸暴骸之酷，存者陷不忠不孝之诮。可为痛哉！可为痛哉！……吾身亡后，可殓以常服，四时之衣，各一副而已。……念尔等勿复违之。

（姚崇《遗令诫子孙文》）

节欲保身

积金积书，达者犹谓未必能守能读也，况于珍玩乎？珍玩取祸，从古可为明鉴矣，况于今世乎？庶人无罪，怀璧其罪。身衣口食之外皆无长物也，布帛菽粟之外皆尤物也。念之！

（姚舜牧《姚氏家训》）

【家规故事】

姚崇（651—721），字元之，原籍吴兴（今浙江湖州），因其远祖定居陕州硖石，遂为陕州硖石（今河南陕县）人。其家族称为陕郡姚姓，现已遍布全国各地。姚崇是姚氏家族的杰出子孙，与房玄龄、杜如晦、宋璟并称为唐朝四大贤相。其侍亲至孝、谋国至忠、节俭持家的品格典型地体现出姚氏家风的特点。

姚崇母亲晚年患病，卧床不起。长安四年（704）六月，身为宰相的姚崇不恋高位，多次向女皇武则天请假，情愿辞去宰相之职，回家伺候老母。经再三请求，终于打动女皇，批准他

姚崇像

辞职回家。当时，好多人不理解姚崇的这一举动。之后，母亲逝世，处理好后事后，姚崇又不图守孝三年的虚名，继续在任，为国家做事。为此，唐玄宗时的名相张说称赞姚崇："忠不忘亲，仁也；哀不违事，义也。"

当时官场流行的是平庸无为，无过就是功，官吏疏于政务，只知巴结讨好上司，扭曲了官场风气，姚崇对此直言批评："凡今之人，鲜务为德。纷纶谄媚，汩没忠直。"他为政勤勉，要求自己"如镜之明，断可以平；如镜之洁，断可以决"，每天不但要到宰相议事的政事堂上班，还要到兵部理事，当时人们看到他走路都是急匆匆的。

另一方面，姚崇倡导"廉慎"。他批评当时官场"当官以害剥为务，在上以财贿为亲"的腐败风气，认为凡是当官明白的人"固当耸廉勤之节，塞贪竞之门"，并明志道："尔以金玉为宝，吾以廉慎为师。尔以夜昏可纳，吾将暗室不欺。”表达了自己绝不沆瀣一气的决心和意志。姚崇还认为，“与其浊富，宁比清贫”，为官者应当“以此清白，遗其子孙”。姚崇这么说，也是这么做的，他廉洁奉公，开元年间贵为首席宰相，在京城长安却买不起府邸，每天下班后客居在罔极寺。

从上面也可以看出，姚崇为政强调的是以身作则。他说“法者，天下公器；官者，庶人之师。其身既正，不令而行。在下无怨，唯上之平。故曰：上之所仰，人之所向。我之所教，人皆其效”，故要求“凡所从政，当须正己”。作为开元盛世的宰相，姚崇自身的清廉品质也带动了开元年间官场风气的好转。

对于世人所渴求之富贵，姚崇的态度则与之不同，他认为不当的富与贵，是大家所讨厌的；不正当的高位，神灵会认为你不该有，百姓则会恨你骑在他们头上；不义之财太多，鬼神会窥视，盗贼会来偷窃。而自古以来，德行浅薄的人通过不正当手段得到地位财富，而能安然无恙的，从来没有。因此，姚崇告诫道：“多藏必害，常谨不忒”，“谦以自守，虚而能受”。

对于生死，姚崇看得极为豁达通透，提倡薄葬。在《遗令诫子孙文》中，他列举了孔子、杨震等先哲薄葬的例子，认为死者没有感觉，自然如同粪土，不必费力厚葬，造成原有家业的损害；而且厚葬对生者无益，于亡者则会招来祸患，故交代子侄在自己死后用平常的衣服入殓即可。在陕州区张茅姚崇故里有姚崇父姚懿墓，1983 年因陇海路拓宽，河南省文物研究所有计划地发掘姚懿墓，事先人们认为墓内一定埋葬有不少金银珠宝，结果发掘后发现，除一块墓志铭外，陪葬的只有少量的白瓷器罐，没有任何值钱物品。这也证明姚崇确实是践行薄葬的。

【引申】

姚崇所在的陕州姚氏出自浙江吴兴姚氏。西汉末年，舜帝姚重华六十九世嫡长孙、西汉大臣姚平为避战乱，举家迁居至吴兴郡（今浙江吴兴），此为吴兴姚氏之始。

吴兴姚氏是中国历史上声势显赫的名门望族，开枝散叶，布于四方，在唐代达到盛极。五代以后，余芳犹存，如有“吴兴第一名门”“天下第一文学家族”盛誉的桐城姚鼐家族，有“七世二元十进士，三朝一侯八大夫”之千年辉煌的福建福州古灵姚氏家族，有“巨野第一名门望族”之称的山东巨野姚氏家族，以及明清时期的吴兴姚舜牧家族等。

姚舜牧（1542—1627），字虞佐，浙江乌程（古县名，在今浙江湖州）人，万历元年（1573）举人，“授新兴令，调广昌，皆有惠政，以直道自持”。其所撰写的《姚氏家训》（亦名《药言》）“真切过于《颜氏家训》”，因而深受当时士大夫之家的欢迎，亦被《姚氏家谱》收录其中。

姚舜牧创作《姚氏家训》，得于其父“平日所训语，及所闻于故老，所得于会悟者”。《家训》中首先指出：“孝弟忠信，礼义廉耻，此八字是八个柱子，有八柱始能成宇，有八字始克成人。”可见，姚舜牧提倡的是以品德作为成人、传家之本。在持家方面，姚舜牧提倡勤俭之道，反对荒惰、侈靡之风，他说：“世称清白之家，匪苟焉而可承者，谓其行己唯事乎布素，教家克尚乎简约，而交游一本乎道义。”

该家训不仅用来训示后人，在姚舜牧仕新兴、广昌期间，他还曾据之以治理地方百姓，并取得良好效果。人称他“治家如治民，明科条，崇礼教，故成名者众”，治民则“视百姓为子弟，敦教养，勤劳来，故不任法而化成”。可见《姚氏家训》的功能已经超出一般家训对子弟的训诫，而是从更高的角度对其后人进行全方面教育。唯其如此，也就成就了姚氏几百年的兴盛，成为姚氏的望族之道。

【箴言】

当须如镜之明，断可以平；如镜之洁，断可以决。敢告后来，无忝前哲。

——姚崇《执镜诫》

慎则祸之不及，贪则灾之所起。苟自谨身，必无谤耻。凡所从政，当须正己。诫往修来，慎终如始。

——姚崇《辞金诫》

存信去诈，以公灭私。无偏无党，君子似之。法者，天下公器；官者，庶人之师。其身既正，不令而行。在下无怨，唯上之平。故曰：上之所仰，人皆其向；我之所教，人皆其效。心苟至公，人将大同；心能执一，政乃无失。

——姚崇《持秤诫》

白居易：善政济天下　清白遗子孙

【原典】

善政与情操

西湖筑白堤，龙门开八滩，倡乐府，诗讽喻，志在兼济天下[1]；履道[2]凿园池，香山卧石楼，援丝竹，赋青山，乐于独善其身。

（洛阳白园乐天堂长联）

福泽于民

耆老[3]遮归路，壶浆[4]满别筵。甘棠[5]无一树，那得泪

[1] 兼济天下：出自《孟子·尽心上》："穷则独善其身，达则兼济天下。"

[2] 履道：即履道里，洛阳里巷名，白居易所居处。

[3] 耆老：老年人。

[4] 壶浆：茶水、酒浆。以壶盛之，故称。

[5] 甘棠：据《史记·燕召公世家》载："周武王之灭纣，封召公于北燕……召公巡行乡邑，有棠树，决狱政事其下，自侯伯至庶人各得其所，无失职者。召公卒，而民人思召公之政，怀棠树不敢伐，歌咏之，作《甘棠》之诗。"后遂以"甘棠"称颂循吏的美政和遗爱。

潸然[1]。

税重多贫户，农饥足旱田。唯留一湖水[2]，与汝救凶年。

（白居易《别州民[3]》）

【家规故事】

白居易（772—846），字乐天，晚号香山居士，其先太原（今属山西）人，后迁居下邽（今陕西渭南）。他是唐代大诗人，被称为“诗魔”。

白居易文学上的成就人所共知，此外，在政治上也颇多功绩。他先后为官四十年，孜孜以求者唯有两事：为官则兼济天下，为民则独善其身。

白居易的父亲白季庚，明经及第，因坚守徐州拒李纳有功，授徐州别驾。其为人耿介不阿，为官有善政。叔父白季康，为官清廉，致力于为民除“三害”（蝗灾、火灾、水灾），曾亲身下田劳作，赤脚挑担固堤，后人赞其治理下的溧水“蝗不入境，火不延二，水不停宿”，后来还被封为溧水的城隍神，世世代代受当地民众供奉。白居易曾投奔叔父，考上进士后，白

[1] 潸然：泪流满面。这两句是作者自谦的话。
[2] 一湖水：指西湖水。
[3] 州民：这里指杭州民众。

季康告诫他为官之道：一要克己省身，自奉俭约；二要秉公执法，不畏强暴；三要施惠于民，革除弊政；四要身体力行，躬身实践。在长辈们的影响下，白居易胸怀“达则兼济天下”之志，一心想着“唯歌生民病，愿得天子知”。

白居易像

入仕后，他“月惭谏纸二百张，岁愧俸钱三十万”，对于自己所获得的薪水，颇有不安感。这种不安感在晚年官至太子少傅时依然：“月俸百千官二品，朝廷雇我做闲人。”对俸禄所得有不安感的人，自然会想着为百姓服务，以对得起自己的薪俸——白居易也正是如此。

822年，白居易被任命为杭州刺史，当时西湖因淤塞无法储水，致使干旱时农田缺水灌溉，他便主持修堤，蓄积湖水，以利灌溉。事后作《钱塘湖石记》，将治理湖水的政策、方法、注意事项等刻石置于湖边，供后人学习参考。另外还组织百姓

杭州西湖边惜别白公雕塑

重新疏浚了唐大历年间杭州刺史李泌在钱塘门、涌金门一带开凿的六井——相国井、西井、方井（俗称四眼井）、金牛池、白龟池和小方井（俗称六眼井），改善了居民的用水条件。

“上有天堂，下有苏杭。”几年后，白居易出任苏州刺史，在那里带领州民开挖七里山塘河，并沿着山塘河扩展山塘路。灌溉和交通的便利使得当地很快发展繁荣起来，百姓因而受益良多。他们的感激之情在白居易卸任时可见一斑——“苏州十万户，尽作婴儿啼。”

白居易为政一方，便造福一方百姓，努力践行“达则兼济天下”的古训，而在官德方面，其廉洁自律甚至到了苛刻的程度。卸任杭州刺史后，他随身只带走自己捡的两块天竺石，后来这两块石头也让他觉得是“伤清白”之事，并写诗表达后悔之情：“三年为刺史，饮冰复食蘖。唯向天竺山，取得两片石。此抵有千金，无乃伤清白。”

【引申】

除文学成就和政绩之外，白居易坚持“清白遗子孙”的家训也足供后人铭记学习。在其遗留下来的诗文中，除了对自己，还可以看到他对家人、后辈的道德期许和要求。

在给新婚妻子的《赠内》诗中，白居易写道：“君家有贻训，清白遗子孙。我亦贞苦士，与君新结婚。庶保贫与素，偕老同欣欣。”这是要与妻子一起恪守妻家祖上留下的“清白遗子孙”家训，保持清白、节俭的生活作风。

白居易孩子早夭，于是他把教育的热情全倾注在了家族下一辈的身上。在晚年所作的《狂言示诸侄》诗中，他是这样说的：“一裘暖过冬，一饭饱终日。勿言舍宅小，不过寝一室。何用鞍马多，不能骑两匹。如我优幸身，人中十有七。如我知足心，人中百无一。”人生在世，真正所需的其实并不太多，正如《庄子》里许由所言：“鹪鹩巢于深林，不过一枝；偃鼠饮河，不过满腹。”

白居易这种知足常乐的心态来自人生的阅历和乐于“独善其身”的思想，通过阐述自己老年的生活和精神状态，告诫子孙要懂得知足，切勿贪婪。

【箴言】

无敌者根于义，自败者本于贪。

苟不行之于己，虽家喻户晓，而人不信矣。

故曰尧舜率天下以仁，比屋可封；桀纣率天下以暴，比屋可戮。

——白居易《策林》

雨砌长寒芜，风庭落秋果。窗间有闲叟，尽日看书坐。书中见往事，历历知福祸。多取终厚亡，疾驱必先堕。劝君少干名，名为锢身锁。劝君少求利，利是焚身火。我心知已久，吾道无不可。所以雀罗门，不能寂寞我。

——白居易《闲坐看书贻诸少年》

钱镠：一代钱王　千古家训

【原典】

修身

心术不可得罪于天地，言行皆当无愧于圣贤。

持躬[1]不可不谨严，临财不可不廉介[2]。

处事不可不决断，存心不可不宽厚。

治国

严以驭役[3]，宽以恤民。

官肯着意[4]一分，民受十分之惠；上[5]能吃苦一点，民沾万点之恩。

[1] 持躬：律己，要求自己。
[2] 廉介：清廉耿介。
[3] 驭役：管理属下。驭，驾驭，差遣。
[4] 着意：用心。
[5] 上：君王。

务本节用[1]则国富，进贤使能[2]则国强，兴学育才则国盛，交邻有道[3]则国安。

（以上《钱氏家训》）

【家规故事】

“上有天堂，下有苏杭”——你是否知道这句家喻户晓的民谚的由来？“赵钱孙李，周吴郑王”——这部编定于宋朝的《百家姓》，为何将钱姓列为仅次于皇姓赵的第二姓，地位如此显赫？这都要从吴越王钱镠说起。

钱镠（852—932），字具美，临安（今浙江杭州）人，起于草莽，于唐末五代乱世时建立了吴越国。他深知“国以民为本，民以食为天”的道理，立国以后没有像其他割据者那样热衷于扩张领土，而是坚守“保境安民”的基本国策，一心一意发展经济。他以前无古人的热情和气魄兴修水利，劝民农桑，开拓贸易，使境内出现五谷丰登、百业鼎盛的喜人景象。江南一带的经济得到长足发展，成为全国最富庶的地区。美丽富饶的“苏杭天堂”由此奠定基础，声誉鹊起。

---

［1］务本节用：抓住生财根本，尽量节约开支，即开源节流。
［2］进贤使能：举荐贤者，任用能人。
［3］有道：有道义，守道义。

钱镠持躬严谨，杜绝骄奢淫逸。相传，他睡觉时用一个特殊的枕头，叫做警枕，把这个枕头里面掏空，然后装进一个小铃铛，晚上睡在上边，只要几十里以外有敌军来犯，他马上就会知道，可以立即起床披挂，上阵去迎敌。同时他又在床前放了一个粉盘——即在一个盘子里面加了一层白粉，半夜里想到什么事情，随手就记下来，以便第二天及时处理。

钱镠像

钱镠出身贫寒，自小读书不多，但称霸以后却喜读诗书，通过拜师和自学努力，不但熟读了经史，还在书画上有相当的造诣。他自觉从中获益良多，便要求子孙也这么做，尊师重教、读书明理此后成为钱氏家族的重要家风，影响了一代代钱氏后人，也塑造了一批批钱氏的杰出人才。

【引申】

繁衍于江南一带的钱氏家族，自唐末以来开枝散叶，人才辈出，仅载入史册的名家就逾千人。因而吴越钱氏家族被公认为“千年名门望族，两浙第一世家”。

近代以来，钱氏一族更出现人才井喷的现象：科学家中的钱学森、钱伟长、钱三强，国学大师钱穆、钱锺书，外交家钱其琛，诺贝尔化学奖得主钱永健等。这一连串响当当的名字彪炳史册，如雷贯耳，都属于这个江南望族。而这一切与钱氏家规也是密

杭州钱王祠

切相关。

钱氏家规由“武肃王八训”“武肃王遗训”和《钱氏家训》三部分组成。“武肃王八训”是武肃王钱镠于乾化二年（912）正月亲自订立的，家训以晋代以来大族衰亡为鉴，“上承祖祢之泽，下广子孙之传”，体现了“金书铁券”免死牌下的严格家教。钱镠辞世前又作十条“遗训”晓谕子孙。而《钱氏家训》，传为忠懿王钱弘俶总结钱镠“起居录”所作，经后人不断完善，成为一部饱含修身处世智慧的治家宝典。《家训》分个人、家庭、社会、国家四个篇章，思想植根深厚，含义博大精深，是钱氏

杭州钱王祠牌坊

家族的珍贵历史遗产，也是钱氏家族人才辈出的传家宝。

【箴言】

执法如山，守身如玉。

不见利而起谋，不见才而生嫉。

利在一身勿谋也，利在天下者谋之；利在一时固谋也，利在万世者更谋之。

——《钱氏家训》

胡则：为官一任　造福一方

【原典】

教子读书

为人者至乐莫如读书，至要莫如教子。子孙虽愚，经书不可不读，即使冥顽[1]，纵[2]有开悟之时。

为人大义

正人君子，淡泊明志。为人应以忠孝仁义为上，当以家国为重；先忧后乐，鞠躬尽瘁。

扬善抑恶

家道盛衰，皆系于积善与积恶而已。何谓积善？居家则孝悌，处事则仁恕，凡所以济人者皆是也；何谓积恶？恃己之势以自强，克[3]人之财以自富，凡所以欺心者皆是也。

---

[1] 冥顽：愚昧顽钝。
[2] 纵：迟早，总会。
[3] 克：克扣，夺取。

凡事当留余地，得意不宜再往，人有喜庆不可生妒忌心，人有祸患不可生侥幸心。善欲人见，不是真善；恶恐人知，便是大恶。

克己远谋

毋学赌博以废事业，毋酒色以乱德性，毋摇唇鼓舌[1]以生是非，毋游手好闲以荒岁月，毋玩法而犯刑，毋浪费而破产。

宜未雨绸缪，毋临渴掘井[2]。居家务其质朴，莫贪意外之财，莫饮过量之酒。

（以上《库川胡氏宗谱》）

【家规故事】

胡则（963—1039），字子正，北宋婺州永康（今浙江永康）人，为宋朝婺州出的第一个进士，《宋史》称其“果敢有材气”。胡则一生辗转中枢与地方任职，仕途长达四十七年；为官刚正，心系苍生，被尊称为胡公。后来毛泽东也称赞他“为官一任，造福一方”。

胡则在政治上主张宽刑薄赋，除弊便民；不但勤政，而且敢于作为，做了很多利国利民的事。例如：朝廷派他去河北道查省冗役，结果省下冗役十多万，使得当地百姓得以休养生息；

[1] 摇唇鼓舌：耍嘴皮，嚼舌头。形容耍弄嘴皮进行挑拨煽动。
[2] 临渴掘井：到口渴才掘井。比喻事先没有准备，临时才想办法。

1011年，他在管理当时的江南路银铜场、铸钱监时，查出不法官吏私藏的官铜达数万斤之巨，最后把它们全部登记为盈余的赋税；1019年，胡则巡视宜州，受理已判死刑的囚犯十九人，经复审辨活的有九人，等等。

1032年，长江、淮河流域遭遇大旱，朝廷不顾饿殍遍野的惨况，仍要征收江南各地的身丁钱。这种身丁钱数额高，范围广，甚至涵盖未成年人、老人和残疾人在内，百姓因此苦不堪言，以至于出现生了儿子而不愿抚养的情况。胡则出身吴越地区，又在地方为官多年，对苛捐杂税之弊端有切身感受。此时

永康胡公庙纪念馆

他年已古稀，但还是满怀激情地向当时的皇帝宋仁宗犯颜直谏，要求免除江南各地身丁钱。在胡则的坚持下，宋仁宗为了江南稳定和表示自己虚心纳谏之意，终于诏令永远免除衢、婺两州身丁钱。为此，衢、婺两州百姓在胡则死后多立祠纪念他。事后，胡则自己也感到欣慰，觉得没有辜负乡亲父老的期望，为他们办了件实事，便写下《奏免衢婺丁钱》诗表达心情："六十年来见弊由，仰蒙龙敕降南州。丁钱永免无拘束，苗米常宜有限收。"

胡则出生的永康胡库村隶属吴越国，那时的吴越国"士用补荫，不设贡举，儒风几息"，读书风气不盛。不过胡氏家族却秉承祖训，历代以耕读传家。胡则少时曾在方岩僧舍读书，熟悉经史，崇尚"以德正心、以义济世"的儒家文化。从政后，他依旧注重家风和后代教育，早年在方岩等地设立读书堂，为子孙延师授业；晚年则和弟弟胡赈创立胡氏祖训，以激励后人崇德向善，兴家报国。

【引申】

明崇祯九年（1636），胡氏子孙根据胡则遗训，制订出《胡氏家训》十三条，此后经传承完善，到乾隆十二年（1747）形成较为系统完整的《胡氏家训》。

《胡氏家训》深受儒家思想及当时吴越文化影响，其中突

永康市胡则史迹馆

出强调的是修身、为官和崇学之道。这对胡氏后人影响深远，继胡则之后，胡氏一门进士及第多达五十四人，仅胡库一个村在明清两代便出过举人、秀才、贡生近二百人，其中还涌现出不少清白传家、为国为民的好官。《胡氏家训》成就了一个个书香之家，也为胡则“为官一任，造福一方”和胡氏后人才俊辈出做了最好的诠释。

永康市胡则史迹馆内景

【箴言】

吾家本寒族，世以清白相承。

——《华溪胡氏宗谱》

读书志在圣贤，为官心存君国。穷则独善其身，达则兼济天下。

——《库川胡氏宗谱》

范仲淹：治家以俭　先忧后乐

【原典】

孝悌

孝道当竭力，忠勇表丹诚[1]。兄弟互相助，慈悲无过境[2]。

勤学

勤读圣贤书[3]，尊师如重亲。……字纸莫乱废，须报五谷恩。

礼义

礼义勿疏狂[4]，逊让敦睦邻。敬长与怀幼，怜恤孤寡贫。

立身

作事循天理，博爱惜生灵。处世行八德，修身率祖神。儿

[1] 丹诚：丹心与诚意。
[2] 过境：超过界限。
[3] 圣贤书：古代圣贤留下的经典著作。
[4] 疏狂：轻疏狂放。

孙坚心守，成家种义根[1]。

（以上范仲淹《家训百字铭》）

先忧后乐

不以物喜，不以己悲。居庙堂之高则忧其民，处江湖之远则忧其君。是进亦忧，退亦忧。然则何时而乐耶？其必曰“先天下之忧而忧，后天下之乐而乐”乎！

（范仲淹《岳阳楼记》）

义田助困

乡里、外姻亲戚，如贫窘中非次[2]急难，或遇年饥不能度日，诸房共同相度诣[3]，即于义田[4]米内量行[5]济助。

（范仲淹《义庄规矩》）

家族和睦互助

家族之中，不论亲疏，当念同宗共祖，一脉相传，务要和睦相处，不许相残、相妒、相争、相夺。凡遇吉凶诸事，皆当

[1] 义根：仁义的根基。
[2] 非次：超乎常态的。
[3] 相度诣：亲临核实。
[4] 义田：为赡养族人或贫困者而置的田产。
[5] 量行：量力而行，这里指尽最大努力。

相助、相扶，庶几[1]和气致祥[2]，永远吾族家人炽昌[3]般。

（范仲淹《六十一字族规》）

【家规故事】

绍兴皇甫庄是人称“九溇五祠堂”的大地方，范氏则是当地巨姓望族，其中一个祠堂，范氏直接用“清白堂”作为堂名。他们以范仲淹为学习楷模，以他的“先天下之忧而忧，后天下之乐而乐”这一名句作为座右铭，而范仲淹清白家风的故事在此也广为流传。

范仲淹像

范仲淹（989—1052），字希文，北宋苏州吴县（今属江苏苏州）人。早年清贫，故养成了节俭朴素的习惯。入朝为官

[1] 庶几：希望，但愿。

[2] 和气致祥：对人谦和可以带来吉祥。东汉·班固《汉书·刘向传》：“和气致祥，乖气致异。”此处指关系和睦融洽。

[3] 炽昌：也作“昌炽”，指兴旺昌盛。

后，他往往把所得的俸禄用来接济穷人，对自己的子侄则要求非常严格。

范仲淹的二儿子范纯仁将要举行婚礼，他深知家规，故对操办婚礼务求节俭。想来想去，他最后决定只买一两件稍贵的物品。决定后，纯仁将要购买的物品的清单交给了父亲。

谁料范仲淹接过清单一看，立刻板起了面孔：“纯仁，你要购买那两件贵重之物，到底是什么打算？难道我范家的家风，要在你手中坏掉不成？婚姻自然是人生的大事，但是，它与节俭有什么矛盾？又怎么可以借口‘人生大事’而去奢侈浪费呢？”

这一番话说得范纯仁满面羞愧，他鼓起勇气说道：“范家的节俭家风，孩儿自幼熟知。新人想以罗绮做幔帐，孩儿知道这不合范家家风，没敢答应。可她父母又出面提起，孩儿碍于他们的情面，没敢再坚持不买。”

范仲淹一听，生气地说：“范家几十年来，以节俭自守，以奢侈为耻。用罗绮做幔帐，岂不坏了我范家的家风？情面事小，家风事大。你可以告诉他们，如果坚持以罗绮为幔帐，那我范仲淹就敢把它拿到院子里烧掉！”

在范仲淹的坚持下，范纯仁的婚礼办得十分简朴，不仅范家的家风得以维持，同僚们也从中受到很大教育。

【引申】

范仲淹自称“范蠡后人”，有其《题翠峰院》诗为证：“翠峰高与白云闲，吾祖曾居水石间。千载家风应未坠，子孙还解爱青山。”而范仲淹的为人处世，也确实做到了未坠千载家风，如在《诫诸子书》中，他说：“自家且一向清心做官，莫营私利。当看老叔（范仲淹对侄子辈自称）自来如何，还曾营私否？自家好，家门各为好事，以光祖宗。”他以自己的言行成为后世子孙的表率，并充实了范氏家风的内涵。

宋宝元二年（1039），范仲淹出知越州（今浙江绍兴）。在此期间，他积极兴办府学，延聘名流讲学，使越州办学之风大盛。范仲淹为官清正廉明，自律严格，在越时还写下著名的《清白堂记》，流芳百世。越州百姓感念范仲淹的清白德义，建“希范亭”于卧龙山上，又立“百代师表”坊于府治前，以资纪念。如今，清白泉、清白堂、清白亭等作为教育和儆诫意义兼具的设施，亦皆得以复原。

范家的子孙也遵循范仲淹的教诲，后世代有人才出。二十三世孙范蘅洲系进士出身，官广西柳州知府，不仅文韬武略，才识过人，而且一身正气，两袖清风，颇有政声。二十八世孙范寅耗费大半辈子心血，搜集整理并印成《越谚》一书，是鲁迅、周作人兄弟推崇的乡贤和后人称颂的语言学家。现代史学大师范文澜也出自范家，他所奉行的“板凳要坐十年冷，文章不写一句空”的治学态度和求实精神，在某种意义上也丰富了范氏家风。

【箴言】

圣人画井之象，以明君子之道焉。予爱其清白而有德义，可为官师之规。

——范仲淹《清白堂记》

惟俭可以助廉，惟恕可以成德。

——《宋史·范纯仁传》

责已恕人循祖训；先忧后乐传家风。

——范氏深远堂对联

赵抃：铁面御史　琴鹤家声

【原典】

知足

良田万顷，日食二升；大厦千间，夜卧八尺。

（赵抃座右铭，见潘永因《宋稗类钞》）

真儒本色

古人名教自诗书，浅俗颓风好力扶。口诵圣贤皆进士，身为仁义始真儒。

任从客笑原思病，莫管时讥孟子迂[1]。通要设施穷要乐，不须随世问荣枯。

（赵抃《劝学示江原诸生》）

[1] 孟子迂：据司马迁《史记·孟子荀卿列传》载，孟子“道既通，游事齐宣王，宣王不能用。适梁，梁惠王不果所言，则见以为迂远而阔于事情。当是之时，秦用商君，富国强兵；楚、魏用吴起，战胜弱敌；齐威王、宣王用孙子、田忌之徒，而诸侯东面朝齐。天下方务于合从连衡，以攻伐为贤，而孟轲乃述唐、虞、三代之德，是以所如者不合”。

【家规故事】

赵抃（1008—1084），字阅道，号知非，北宋衢州西安（今浙江衢州）人。幼孤，由长兄赵振抚养成人。学习勤奋，于景祐元年（1034）登进士第。一生坎坷，但正气满身，荣辱不惊。

赵抃为“北宋三杰”之一，与包公、寇準齐名，是后来小说戏剧中众多清官廉吏形象的原型之一。其为人光明磊落，行事但求无愧于心，以至于“日所为事，入夜必衣冠露香以告于天，不可告，则不敢为也”。据历史记载，赵抃为官期间公正严明，“弹劾不避权幸，声称凛然”，因而有“铁面御史”之称。如陈执中为相期间，其家有一女奴被折磨致死，有人揭发乃陈执中亲手所为，将女奴用杖打死。赵抃闻听此事，坚请仁宗治其罪，然仁宗不为所动。于是赵抃又上章指斥陈执中引用邪佞、招延卜祝、排斥善良、家声狼藉等八大罪状，前后达二十余次。期间，陈执中自然不甘坐以待毙，纠集同伙上谏，反咬赵抃。赵抃做好了不成功便成仁的打算，连给自己的棺材都已备妥——这种忠正无畏的行为最终使得仁宗将陈执中罢免。

在为政方面，赵抃则善于因俗施设，猛宽不同，其治理益州、青州等地颇有政声，为世所称道。

益州其时地处偏僻，人民贫困，而官员则因“山高皇帝远”而上下包庇，为非作歹。赵抃到任后，以身作则，除贪肃纪，令蜀地风气从上到下为之一变。而其在青州当政虽只有短短一年，却也佳话频传。据冯梦龙《智囊》记载，赵抃在巡察青州时，想到因为一个人入狱，可能会有十几人被牵连失业无着，受到株连而受害的就更为冤枉。而监狱里夏天瘟疫流行，又潮又热；冬天则天寒地冻，令人手脚冻裂生疮。有些人只是犯了轻微罪过而被成年累月关押，有的人只是因为连带干系就遭逮捕，活活死在狱中。另外，监狱里那些看守和狱霸，向犯人勒索钱财、凌辱人身，更令人难以容忍。于是他立马派人调取监狱的登记

衢州赵抃祠（王丹／摄）

簿来查看，以狱中囚犯的多少来决定当地官吏是否贤明。这种办法施行了一年多时间，各州、县衙门的官吏，没有人再敢无辜逮捕一人，百姓因此而受惠多多。这一德政亦受到理学大家邵雍的极力称赞。

除了德政，赵抃还留下了“琴鹤家声”的廉洁美名。他官至参政知事，相当于副宰相，可谓官位显赫，但日常生活一贯清廉俭朴，情趣高雅。打坐参禅，拜访故人，相伴左右的都只有一琴一鹤；甚至远调蜀地赴任时，他也是单人独骑，随身只携带琴和鹤。故宋神宗曾鼓励他说：“闻卿匹马入蜀，以一琴

衢州赵抃祠内赵抃与一琴一鹤塑像（吴铁鸣 / 摄）

一鹤自随，为政简易，亦称是乎！”

赵抃死后，葬衢州西安莲华山，谥号清献。大文豪苏轼曾写下三千五百字的《赵清献公神道碑》，称“东郭顺子之清，孟献子之贤，郑子产之政，晋叔向之言，公兼而有之”；还在《题李伯时画赵景仁琴鹤图二首》中称赞道：“清献先生无一钱，故应琴鹤是家传。”

【引申】

赵抃去世一百多年后，潭州知府林存离任赴京，路过衢州时，征调了当地千余壮丁，为其挑运行李。这浩浩荡荡的队伍路过莲花山赵抃墓前，与赵抃当年一琴一鹤、匹马入蜀的情景形成了鲜明对比。有人因此写了一首讽喻诗：“千夫荷担出山阿，膏血如何有许多？不若扁舟径归去，休从清献墓前过。”相传从此以后，再也没有贪官敢从赵抃墓前经过。

后世裔孙为颂扬先祖为官俭约、轻车简从的高风亮节，便以“琴鹤”名其堂。直到今天，还有不少赵姓人家在纪念、传承赵抃的这种精神。比如在浙江诸暨赵家镇赵家村，今天还有许多古色古香的老台门的门楣上安置着“琴鹤家风”的门额，或石刻，或砖雕，用材高档，做工考究；甚至远在云南大理的白族赵姓人家，也有将“琴鹤家声”“琴鹤之声”等字样题在

衢州赵抃祠内赵抃像（吴铁鸣 / 摄）

自家房屋的照壁上，以之作为家风。

为官以廉，持家以俭，这都是赵抃留给后世的宝贵遗产。

【箴言】

吾志如此江清白，虽万类混淆其中，不少浊也。

——赵抃入蜀过清白江时自誓之语，见彭大翼《山堂肆考》

其施虽在越，其仁足以示天下；其事虽行于一时，其法足以传后。

——曾巩《越州赵公救灾记》

小人虽有小过，当力排绝之，后乃无患；君子不幸而有诖误，则当为国家保持爱护，以全其德。

——赵抃语，见张养浩《风宪忠告·纠弹第七》

苏轼：不苟私情　廉洁家风

【原典】

保身避祸

轮、辐、盖、轸[1]，皆有职乎车，而轼独若无所为者。虽然，去轼，则吾未见其为完车也。轼乎，吾惧汝之不外饰也!

天下之车莫不由辙，而言车之功者，辙不与焉。虽然，车仆马毙，而患亦不及辙。是辙者，善处乎祸福之间也。辙乎，吾知免矣！

（苏洵《戒子通录》）

廉为事本

事有六者，本归一焉。各以廉而为首，盖尚德以求全。官继条分，虽等差而立制；吏功旌别，皆清慎以居先。器尔众材，由吾先圣。人各有能，我官其任。人各有德，我目其行。是故

[1] 轸（zhěn）：车厢底部四周的横木。

分为六事，悉本廉而作程；用启庶官，俾厉节而为政。善者善立事，能者能制宜。或靖恭而不懈，或正直而不随。法则不失，辨别不疑。第其课兮，事区别矣；举其要兮，廉一贯之。蔽吏治之臧否，必旌美效；为民极之介洁，斯作丕基。所谓事者，各一人之攸能；所谓贤者，通众贤之咸暨。拟之缯[1]罟[2]，先纲而后目；况之布帛，先经而后纬。于冢宰[3]处八法之末，厥执既分；在西京同大孝之科，于斯为贵。乃知功废于贪，行成于廉。苟务渎货，都忘属厌。若是则善与能者为污而为滥，恭且正者为诐而为憸[4]。法焉不能守节，辨焉不能明贤。故圣人恶彼败官，虽百能而莫赎；上兹洁行，在六计以相兼。

（苏轼《六事廉为本赋》）

直道而行

独立不惧者，惟司马君实与叔兄弟耳。万事委命，直道而行，纵以此窜逐，所获多矣。

（苏轼《与千之侄》）

不可废学

侄孙近来为学何如？想不免趋时，然亦须多读史，务令文

[1] 缯（zēng）：古代对丝织品的统称。
[2] 罟（gǔ）：渔网。
[3] 冢宰：原为周官名，为六卿之首，亦称太宰。后用来指称吏部尚书。
[4] 憸：奸邪。

字华实相副，期于适用乃佳。勿令得一第后，所学便为弃物也。

（苏轼《与元老侄孙》）

【家规故事】

苏轼（1037—1101），字子瞻，号东坡居士，眉州眉山（今四川眉山）人。他是北宋著名文学家，而其为官品德也是值得尊重的。

在京做官的时候，一天有乡友带上厚礼想求苏轼帮忙谋个一官半职，并说："如您不便，劳令弟之驾也行。"苏轼心底不愿意，但又不愿伤害同乡之情，于是给来客讲了一则寓言故事。大意是说某人穷极盗墓，数掘无获，便想去掘伯夷、叔齐之墓。正准备动手，只听伯夷在墓里说："我是在首阳山饿死的，除了一把枯骨，别无一物，怎样才能如您的愿呢？"盗墓人丧气地说："那我就挖开叔齐之墓，碰碰运气吧！"伯夷又说："连我也不过如此，我弟弟就更帮不上忙了！"苏轼的弦外之音是：您的苦衷我知道，但我和兄弟苏辙两人都无法帮忙啊！乡友领悟了他的意思，知道求官无望，只好知趣地带上礼物走了。

苏轼属眉山苏氏，其家族自苏轼父亲苏洵起，即善读书，而且多能从书中汲取精义，来指导子弟。苏轼便曾反复告诫子弟们要善于读史，不可废学。实践中，则提倡要善于根据自身

杭州苏堤南端苏东坡像

的性格特点来行事。另外，苏氏的家风中还特别强调清廉。这一方面得益于史书的熏陶，另一方面也反映出眉山苏氏的优良家风。

苏轼的曾祖苏杲非常清廉，认为置业太多会害了子孙，于是一直过着俭朴的生活。这确立了苏氏对于财富的一种基本态度——不过度追求。另外，苏轼的母亲程夫人，原来家里是眉山的富户，嫁到苏家后生活比较俭朴，于是有人建议她回娘家取些财物，但她觉得这是给夫家丢脸，并没有答应。后来，她租了一个铺面经营生意，一次在不经意间发现地里有个大瓮，里面有不少值钱之物，不过她并未取用，说这是非分之财，决不能拿。

苏轼为官后能够保持清廉的作风，与家族对于财富不过度追求的态度以及母亲的言传身教都是有关系的。

【引申】

与杭州关系密切的历代文人中，最有名的除了白居易，便要数苏轼了。他曾先后两次任职于杭州，一次为杭州通判，一次为杭州知州。两个任期内，他政绩显著，得到百姓交口称赞，其中最重要的功绩则是疏浚西湖，极大地保障了民众的生产和生活。

1086 年，苏轼第二次任职杭州的第一年，杭州先是遭遇了涝灾，然后又遇上干旱。此时的西湖因为年久失浚，杂草丛生，湖面淤塞，已大面积缩小，不仅不能积蓄水源、保障灌溉用水，而且对于当时杭州的酿酒业、水运事业等也很有影响。于是苏轼把第一次任职时来不及实现的疏浚西湖的想法再次提上了行事日程。

在这次疏浚行动中，西湖得到了全面的深挖。苏轼下令废除湖中私围的葑田，在今天的湖心亭等处设置三座石塔，禁止任何人在石塔范围内养殖菱藕，以防湖底淤淀。至于疏浚过程中挖掘出来的淤泥、葑草等物，则采取了废物利用的方法，用来就地修建横贯西湖南北的长堤，还在大堤上建石拱桥六座，以疏通湖水。另外，苏轼还下令在大堤上遍种杨柳、花草，堤边亦种满荷花。从此，西湖不仅能发挥其作为湖泊的蓄水、灌溉等功能，而且六桥烟柳的风光也给西湖增添了说不完道不尽的妩媚。

苏轼本人的文学天才在这江南烟雨的胜景中也得到了更为酣畅淋漓的发挥，在杭六年左右的时间里，留下了不少诗文佳作。

杭州苏东坡纪念馆

其中脍炙人口的名篇，如《饮湖上初晴后雨》“水光潋滟晴方好，山色空濛雨亦奇。欲把西湖比西子，淡妆浓抹总相宜”成为文学史上不朽的经典。

为了纪念苏轼对杭州百姓的功绩和他与西湖的缘分，后人把他下令修建的长堤称为“苏堤”，一代一代人漫步其上，欣赏美景，流连感怀。

【箴言】

举大体而不论小事，务实效而不为虚名。

——苏轼《贺杨龙图启》

目有眯则视白为黑，心有蔽则以薄为厚。

——苏轼《明君可与为忠言赋》

桐庐胡氏：家国情怀　以德处世

【原典】

勤俭

勤则生财，俭则足用，不勤不俭，何以自立？故男事力耕，女勤妇织，量其所入，度[1]其所出，勿怠惰以废时，勿奢侈而浪费，则家道殷盈，聿[2]成康阜[3]之俗矣。

安分

凡我子孙，幸而富贵，必制节谨度[4]，乐善好施，惠周里党[5]；即或贫贱，亦务竭力农桑，不辞劳瘁[6]，以供衣食。若骄吝忮求[7]，身败名裂，辱及先人，非贤子孙。戒之戒之！

[1] 度：估计。
[2] 聿（yù）：文言助词，无义，用于句首或句中。
[3] 康阜：安乐富庶。
[4] 制节谨度：节俭克制，慎行礼法。
[5] 惠周里党：给予乡邻恩惠。
[6] 瘁：劳累。
[7] 忮（zhì）求：嫉害贪求。

敦伦

人身上有祖父伯叔，下有兄弟子孙，以及从堂兄弟伯叔、子侄辈，俱属伦叙攸关，不可盛气相凌！必一门之中，蔼然有恩，秩然有礼，则敦伦常之道在是矣。凡我子侄，须宜深体。

睦族

睦之如何？长幼有序，婚姻相庆，疾病相扶，患难相救，死伤相恤，贫窘相周，皆睦之道也。吾子孙其勉之。

（以上《白云胡氏宗谱》）

【家规故事】

白云深处的那户人家，一住就住了七百多年。在杭州桐庐最南端的深山里，依山而建、傍水而筑的富春江镇茆坪村，是一个有着一千二百多人口的古村落，胡氏为村内大姓，人口约占村里的七成。这个胡氏家族以德处世的故事，要从宋朝的寿昌（今浙江建德）人胡国瑞开始说起。

胡国瑞生性聪慧，熟读四书五经，循蹈忠孝礼义，为官清正，在宋高宗年间官拜吏部尚书。因刚直不阿，直言进谏，不为朝官所容。转任杭州洞霄宫提举后，胡国瑞以做善事为己任，赈贫济困。不久又转任江州太平观提举，其时恰逢战乱，当地粮食歉收，粮价畸高，他便将太平观藏粮以市价的四分之一供

桐庐胡氏宗祠所在的茆坪村全景

给百姓。当时有人欲高价收购，被胡国瑞严词拒绝。去世后，胡国瑞被朝廷追封为“文安郡开国男”。

宋理宗年间，胡国瑞的孙辈分徙至此。生活在白云溪畔的胡氏后人，延续了始自胡国瑞的家族精神，形成“白云胡氏家训十八条”以教化后人。

元朝中后期，村里出了一个乐善好施的胡仲仁。胡仲仁看到村民百姓为山路所困，往来客商为山道所累，于是慷慨解囊，出资修建马岭山道。在崇山峻岭间，桐庐通往浦江四十多里的泥泞小道被铺上了石块石板，造福于一方百姓和其他往来路人。

深居大山的村民靠山吃山，辛勤地经营竹木柴茶等山货生

桐庐胡氏宗祠大门

桐庐胡氏宗祠在传承中转变为文化礼堂

意，其中尤以木炭业最为兴盛。村民以烧炭为生，卖炭为业，营运致富。勤劳聪明的村民，利用就地取材的竹筏，以绕村而过的芦茨溪作水路，运送山货销往外地，再运入建造楼房的砖石建材等。久而久之，茆坪村因此逐渐成为过往客商、进出货物的必经之地和重要驿站。一代代村民不懈努力，使得明末清初的茆坪村成为浙西地区兴旺发达的村落之一。

清朝咸丰年间，农民起义运动风起云涌，芦茨溪流域各村常常遭流窜乱军的烧杀抢掠，村民的生命与财产安全受到很大威胁。为保卫家乡，胡氏后人积极行动，组织起白云源义团。他们英勇善战，最后取得大捷。战乱平息后，因为他们在保卫家园、抗击乱军中立下大功，朝廷特颁发“平寇”圣旨。

胡氏后人乐善好施、以勤养德、以德报国，充分展现了“以德处世”的家训家风。

【引申】

胡氏家族人丁兴旺，经济富裕，于清乾隆三十七年（1772）在茆坪村建造振德堂，也就是胡氏宗祠。粉墙黛瓦的胡氏宗祠掩映在参天古树之中，三间三进长方形的宗祠，总面积达一千八百平方米。白云源溪水在门前潺潺而过，层层叠叠的群山梯田尽收眼底，俨然一派世外桃源的景象。经过一代代茆坪村人的传承和维护，白云胡氏家训和胡氏宗祠成为茆坪村人以德处世的精神象征。

胡氏家训分十八个条目，共一千七百多字。然而生活之道，不是短短的一千七百余字能够说得清、道得明的，更需要人们在生活中不断地感悟，并随着岁月的更迭，去粗取精，去伪存真。不过，其中大多数的内容，相信在当代社会依然具有坚不可摧的道德力量，也与社会主义核心价值观的内涵相符。“长幼有序，婚姻相庆，疾病相扶，患难相救，死伤相恤，贫窘相周”，可谓和谐；“奋于忠义，道军曲折，挺身报国，不避艰险”，可

桐庐胡氏宗祠内景

谓爱国；“务须必诚必信，无遗后悔”，可谓诚信；“凡我子孙，幸而富贵，必制节谨度，乐善好施”，可谓友善。……凡此种种，体现和提倡的都是以诚立身、以德处世的价值观。

【箴言】

为臣则致身报国，为民则随分尽职。

奋于忠义，道军曲折，挺身报国，不避艰险。

——《白云胡氏宗谱》

王十朋：为民做主　廉谨奉公

【原典】

家政先修

父子欲其慈孝，兄弟欲其友爱，夫妻欲其相穆，帷簿欲其洁修[1]，门间[2]欲其清白，男子欲其知书，女子欲其习业，亲戚欲其往来，宾朋欲其交接，祭祀欲其精丰，用度欲其节俭，财富欲其无私，出纳欲其明白，奴婢欲其整肃，农桑欲其知务，官租欲其早输，私债欲其不负，府库欲其充实，米盐欲其检察，有无欲其相通，凶荒欲其相济，交易欲其廉平，施予欲其均一，忧乐欲其知时，吉凶欲其知变，忿怒欲其含忍，过恶欲其隐讳，戏玩欲其有节，饮酒欲其不乱，衣服欲其无侈，器皿欲其无奢，簿书[3]欲其谨严，庭宇[4]欲其修治，文籍欲其无毁，门壁欲

[1] 帷簿欲其洁修：指家门清白，不淫乱。
[2] 门间：家门，家庭，门庭。
[3] 簿书：记录财务出纳的簿册。
[4] 庭宇：房舍。

其无污，秽恶欲其不谈，嫌疑欲其知避，事上欲其无谄，待下欲其无傲，责罚欲其有理，鞭笞欲其不苛，疾病欲其相扶，患难欲其相恤，喜庆欲其相贺，死亡欲其相哀。如是而行之，则家道修明，内外无怨，上天降祥，子孙逢吉。移之于官，则一官政理，移之于天下国家，则天下国家之政理。呜呼！有家君子，其可不修一家之政乎！家政不修，其可以治天下国家之事乎！

（《左原王氏家规家训》）

【家规故事】

王十朋（1112—1171），字龟龄，号梅溪，南宋温州乐清（今

乐清王十朋纪念馆（卓登寿 / 摄）

浙江乐清）人，卒谥“忠文”。南宋著名政治家、诗人，爱国名臣。绍兴二十七年（1157），王十朋以“揽权”中兴为对，被宋高宗亲擢为进士第一（状元）；后曾数次建议整顿朝政、起用抗金将领，力陈抗金恢复之计。仕途上历知饶、夔、湖、泉诸州，救灾除弊，政绩卓著。

王十朋中状元后，被朝廷任命为绍兴签判。一天，有民妇击鼓喊冤，王十朋叫衙役立即升堂，可同僚却劝他别管此事。王十朋问其原因，同僚告知：“此案涉及朝廷张侍郎之子，他唆狗咬伤鲁六小儿，致其遍体鳞伤，鲁六一怒之下将狗打死，

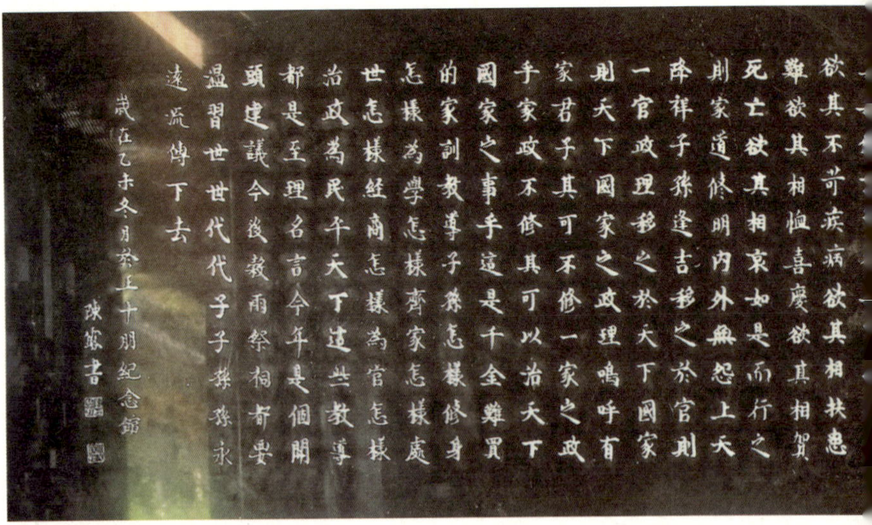

左原王氏家规家训（陈隆强／摄）

结果被绍兴知县判罪入牢。且张侍郎之女为当朝宰相之儿媳，我怕您担当不起呀！”王十朋气愤地说：“我乃万岁亲擢，深蒙圣恩，仕州县应以勤事爱民为职，理当为民做主，岂能明知有冤而不公断呢？”因此，王十朋微服细察，得知鲁六实属冤枉，遂宣判鲁六无罪释放。张侍郎得知此事怒不可遏，借朝中安抚使视察绍兴府之机，托他查问王十朋。

王十朋见安抚使查问此事，便将此案详情告知，而后公正地说：“张侍郎心明法律，必不能以一犬之故诬害平民。若真断鲁六有罪，然其实属无辜，则深恐府中官员、绍兴百姓议论

我们是轻人重犬，不仅我负有误断之罪过，且对张侍郎的名德也会有所损害。”稍后，王十朋又机智地说：“安抚大人是很尊重张公名望的，想必自然会同意为他挽回民心？”安抚使见王十朋说得句句在理，只好闭口无言。

王十朋廉洁奉公，敢拒权威，秉公断案，为民雪冤，其行为与勇气为人所称道。

【引申】

王氏家风的兴起始于王十朋的高祖、曾祖辈，他们为人孝顺慈善，到王十朋的时候还受到邻里父老称道。祖父王格，勤俭治家，经过他的努力，王家家境渐渐变得较为富裕。

王十朋的父亲王辅，天性喜读书，至老不倦，对儿子的教育更是用心，“平生乐教子从学，不以家务夺其心，至以身率之，欲亲见诸子有成，以慰其意心切”。正因王辅的以身作则，王十朋的学业和科举之路得到很大的激励。王十朋后来评价父亲“为子则能孝其亲矣，为兄则能友其弟矣，为夫则能和其妇矣，为父则能教其子矣。闺门之内，上下和睦，与乡党邻里之间，无怨无恶，身死之日，虽行道之人，无一不咨嗟叹息。呜呼！真可谓善人君子矣”。

自高祖以来，王氏家族历代形成的良好家风在王辅身上得

乐清王十朋纪念馆内王十朋像（陈隆强 / 摄）

以集中体现，并渗入了王十朋的思想中，对其后来的为人、治家、从政皆有重要影响。

王十朋著有《家政集》，书中将王氏家风从观念转化为理论，形成了规范完整的家规家训制度。其中提倡的“孝敬奉先、谨厚治身、勤俭兴家、诗书教子、行善积德、仁德理事、诚信立世”等家规家风，给后世留下了极其宝贵的遗产。入宦为官后，王十朋更是把“孝”的内涵外延为“忠”，把“修身齐家”引申到“治国施政”上，认为：“故人之为人父，则孝者必慈，而不孝者不慈；以之为人臣，则孝者必忠，而不孝者则不忠；

乐清王十朋墓（陈隆强 / 摄）

以之事长，则孝者必顺，不孝者必不顺，此孝悌所以为立身之本，百行之先者也。”

王十朋在朝忠君爱国，犯颜直谏，荐用良将，力主抗金，不避斧钺之诛；在州郡则勤政爱民，廉洁奉公，一身正气，两袖清风。此正如宋大儒朱熹评王十朋时所言，“在朝廷则以犯颜纳谏为忠，在州县则以勤事爱民为职”，实乃“光明正大之磊落君子”。

【箴言】

有公家之政，有私家之政，公家之政乃私家之政之外延。士君子达而见用，有爵位于朝，外则行公家之政，以泽民生；内则修私家之政，以化子孙。

——王十朋《家政集·自序》

郑义门：至诚为意　孝义传家

【原典】

公正

家长专以至公无私为本，不得徇偏。如其有失，举家随而谏[1]之。然必起敬起孝，毋妨和气。若其不能任事，次者佐[2]之。

至诚

为家长者当以诚待下，一言不可妄发，一行不可妄为，庶[3]合古人以身教之之意。临事之际，毋察察而明[4]，毋昧昧而昏[5]，须以量容人，常视一家如一身可也。

[1] 谏：规劝。
[2] 佐：辅佐。
[3] 庶：庶几，差不多。
[4] 察察而明：《旧唐书·张蕴古传》："勿浑浑而浊，勿皎皎而清，勿没没而闇，勿察察而明。"后以"察察而明"谓在细枝末节上用心，而自以为明察。
[5] 昧昧而昏：糊涂，不明白。

恭敬

子孙入祠堂者，当正衣冠，即如祖考[1]在上，不得嬉笑、对语、疾步。晨昏皆当致恭而退。

孝义

子孙为学，须以孝义切切[2]为务。若一向偏滞[3]词章，深[4]所不取。此实守家第一事，不可不慎。

报国

子孙倘有出仕者，当蚤[5]夜切切以报国为务。怃恤下民，实如慈母之保赤子；有申理者，哀矜恳恻[6]，务得其情，毋行苛虐。又不可一毫妄取于民。若在任衣食不能给者，公堂资而勉之；其或廪禄[7]有余，亦当纳之公堂，不可私于妻孥[8]，竞为华丽之饰，以起不平之心。违者天实临之。

治家

凡为子者必孝其亲，为妻者必敬其夫，为兄者必爱其弟，为弟者必恭其兄。

[1] 祖考：已故的远祖。
[2] 切切：千万。
[3] 偏滞：偏重停留。
[4] 深：十分。
[5] 蚤：同“早”。
[6] 恳恻：诚恳恻隐。
[7] 廪禄：官府发给的粮食、俸禄。
[8] 孥：儿女。

积善

何谓积善？居家则孝悌，处事则仁恕，凡所以济人者皆是也；何谓积恶？恃己之势以自强，克人之财以自富，凡所以欺心者皆是也。是故能爱子孙者遗之善，不爱子孙者遗之恶。

清廉

子孙出仕，有以赃墨[1]闻者，生则于《谱图》上削去其名，死则不许入祠堂。如被诬指[2]者则不拘此。

睦邻

里党之痒疴[3]疾痛，吾子孙当深念之。彼不自给，况望其馈遗我乎？但有一毫相赠，亦不可受，违者必受天殃[4]。

诚朴

子孙处事接物，当务诚朴，不可置纤巧[5]之物，务以悦人，以长华丽之习。

（以上《郑氏规范》）

---

[1] 墨：贪污。
[2] 诬指：捏造事实冤枉人。
[3] 痒疴：泛指疾病。痒，疥疮；疴，口疮。
[4] 殃：祸害。
[5] 纤巧：细巧。

【家规故事】

郑绮（1118—1193），字宗文，宋代婺州浦江（今浙江浦江）人。郑绮因为家贫辍学务农，但他十分好学，勤耕苦读，每日出耕垄上，挂书于牛角，田间稍有休息，就取书诵读。由于勤勉，他自学成才，通《春秋》穀梁学。

郑绮不但好学，更难能可贵的是他的孝心。他的父亲郑照，因蒙受诬陷而被判死罪。郑绮号啕大哭跑去探视，刑狱的官吏不许他探视，他就用额头撞监狱的大门，血流满面，并且历数父子大义，上书请求代替父亲受刑。郡守钱端礼重新查访案情，冤案终于大白，郑照获得释放，而郑绮孝子的名声也传扬开来。

郑绮的母亲张氏身染风湿，手足挛曲。郑绮每天在床边服侍母亲的饮食和汤药，从不懈怠。甚至母亲大小便时，他也抱着母亲到厕所。郑绮就这样侍奉母亲三十年如一日。

有一次，母亲烦躁口渴，想喝清甜的水，但是当时正逢大旱，水源都断了。郑绮开凿小溪几丈，没有得到一滴水。这可怎么办？郑绮急得仰天大哭，连哭三天三夜后，神奇的事情发生了：溪水忽然涌出，清冽甘美像甜酒。郑绮连忙欢喜地打水给母亲喝。人们都认为这是郑绮的孝心感动了天地的结果，遂将此泉命名为孝感泉。

郑绮临终立下遗言：凡郑氏子孙，不得因贫富贵贱而分居分食。郑绮的后裔恪守遗训，累世同居。到了明代郑濂这一辈，浦江郑家已经二百多年没有分家了，人称“义门”。

郑濂，字仲德，明代浙江浦江人。明太祖朱元璋即位后，听说了郑濂的贤名，便将他召到京城，问他一家有多少人，郑濂回答说：“有一千多人。”朱元璋说：“真的是天下第一家啊！”当时正值河南进贡香梨，于是赐给郑濂两枚香梨。郑濂双手捧着香梨往家走。

浦江郑义门孝义家门（戴瑞阳 / 摄）

郑濂到家后，召集所有家人，向京城方向叩首谢恩，然后又找来两个装满水的大缸，将香梨捣碎后放入缸中，让所有的家人分着喝。皇帝知道后非常高兴，于是亲书“孝义家”三大字赐给郑家。

后来，有人诬告郑家结交叛逆罪人，官吏前去抓捕，郑家兄弟六人争相要跟随官吏前去，最后由郑濂的弟弟郑湜前往。当时郑濂正在京城，他赶去拦住弟弟说：“我是兄长，应该由我去。”弟弟说：“哥哥你已经老了，应当由我前往。”就这样，兄弟两人争相入狱。

明太祖知道后说：“像这样孝义的人，怎么会去追随他人叛逆呢？”随即将诬陷之人治罪，并重用郑家子弟为官。

【引申】

郑义门，位于浙江省金华市浦江县郑宅镇，占地约五千平方米，是中国古代家族文化的重要象征。自北宋崇和元年（1118）至明天顺三年（1459），郑氏家族在此合族同居历时三百四十余年，以孝义治家闻名于世，其事载入《宋史》《元史》和《明史》。明洪武十八年（1385），太祖朱元璋亲自赐封“江南第一家”。

郑义门人才辈出，更为可贵的是，从宋到清，郑氏家族出仕为官的达一百七十三人，无一人因贪墨而被罢官，可谓“孝

浦江郑义门牌坊群夜景（马山／摄）

义传家九百年”。郑义门之所以可以绵延不绝，与它的家风家教有密切关系。长达一百六十八条的传世家训《郑氏规范》，经在此居住三十二年的明开国文臣宋濂审订，流传至今，被誉为中国传统家训的重要里程碑，是一部典型的以德治家的家训。它融道德修养、行为规范、生产管理、生活学习等制度及奖惩措施为一体，倡导正直、奉公、怜悯、宽容，体现出中华传统美德的精华。

“君子务本，本立而道生。”可见，优良的家风家训既是家族兴旺之本，也可以成为国家繁盛之基。

【箴言】

子孙器识可以出仕者，颇资勉之。既仕，须奉公勤政，毋踏贪黩，以忝家法。任满交代，不可过于留恋；亦不宜恃贵自尊，以骄宗族。仍用一遵家范，违者以不孝论。

——《郑氏规范》

婉愉生于和气；敬直兼以义方。

——戴王祥撰郑义门中庭联

载物本无心，独向义居分造化；察邪偏有眼，时从屋漏见精明。

——佚名撰郑义门土地庙联

陆游：以诗教子　以身示教

【原典】

立德为先

燕居[1]侍立出扶行，见汝成童我眼明。

但使乡闾[2]称善士，布衣[3]未必愧公卿。

（陆游《示元礼》）

勤勉务实

闻义贵能徙，见贤思与齐[4]。食尝甘脱粟[5]，起不待鸣鸡。萧索园官菜[6]，酸寒太学齑。时时语儿子：未用厌钼

[1] 燕居：闲居。

[2] 乡闾：古以二十五家为闾，一万二千五百家为乡，因以"乡闾"泛指民众聚居之处。

[3] 布衣：麻布衣服，借指平民。

[4] 见贤思与齐：见到有才德的人就想着与他看齐。

[5] 脱粟：糙米；只去皮壳、不加精制的米。

[6] 园官菜：园官，即园吏。唐代杜甫《园官送菜》诗序："园官送菜把，本数日阙。"

犁[1]。

（陆游《示儿》）

教子学诗

我初学诗日，但欲工藻绘[2]。中年始少悟，渐若窥宏大。
怪奇也间出，如石漱湍濑。数仞李杜[3]墙，常恨欠领会。
元白[4]才倚门，温李[5]真自郐。正令笔扛鼎，亦未造三昧。
诗为六艺[6]一，岂用资狡狯。汝果欲学诗，工夫在诗外。

（陆游《示子聿》）

躬行实践

古人学问无遗力，少壮工夫老始成。
纸上得来终觉浅，绝知此事要躬行[7]。

（陆游《冬夜读书示子聿》）

学以致用

学贵身行道，儒当世守经。心心慕绳检[8]，字字讲声形。

---

[1] 钼犁：锄和犁，借指耕作。
[2] 藻绘：指文辞、文采。
[3] 李杜：指唐代诗人李白、杜甫。
[4] 元白：指唐代诗人元稹、白居易。
[5] 温李：指唐代诗人温庭筠、李商隐。
[6] 六艺：春秋时期孔子开私学也授六艺，但此六艺即儒学六经，谓《易》《书》《诗》《礼》《乐》《春秋》。
[7] 躬行：亲自实践。
[8] 绳检：规矩，法度。

吾已鬓眉白，汝方衿佩青。良时不可失，苦语直须听。

（陆游《示元敏》）

耕读传家

舍东已种百本桑，舍西仍筑百步塘。

早茶采尽晚茶出，小麦方秀大麦黄。

老夫一饱手扪腹，不复举首号苍苍。

读书习气扫未尽，灯前简牍[1]纷朱黄。

吾儿从旁论治乱，每使老子喜若狂。

不须饮酒径自醉，取书相和声琅琅。

人生百病有已时，独有书癖不可医。

愿儿力耕足衣食，读书万卷真何益。

（陆游《示儿》）

【家规故事】

陆游（1125—1210），字务观，号放翁，越州山阴（今浙江绍兴）人，南宋文学家、史学家、爱国诗人。其 少时受家庭爱国思想熏陶。高宗时应礼部试，为秦桧所黜，孝宗时赐进士出身。中年入蜀，投身军旅，官至宝章阁待制。晚年退居家乡。

[1] 简牍：古代书写用的竹简和木片，后代指书籍。

陆游像

陆游出身于名门望族、江南藏书世家。陆游的高祖陆轸是大中祥符年间进士，官至吏部郎中；祖父陆佃，师从王安石，精通经学，官至尚书右丞，所著《春秋后传》《尔雅新义》等是陆氏家学的重要典籍；父亲陆宰，通诗文，有节操，北宋末年出仕，南渡后，因主张抗金受主和派排挤，遂居家不仕；陆游的母亲唐氏是北宋宰相唐介的孙女，亦出身名门。陆游生活的年代，正是金兵南侵、中原大片国土沦陷时期。在政治上，他坚决主张抗金，反对投降，充实军备方面要求“赋敛之事宜先富室，征税之事宜核大商”，这侵害了权贵的切身利益，故一直受到卖国投降集团的压制。晚年被黜，退居家乡，但收复中原的信念始终不渝。在他的影响与教育下，长子陆子虡，官至淮西濠州通判；另一子陆子龙，官至东阳丞。两人均是有名的清官。孙陆元廷，为抗敌奔走呼号，积劳成疾，后闻宋军兵败崖山，忧愤而卒。曾孙陆传义，与敌人势不两立，崖山兵败后亦绝食而亡。玄孙陆天骐，战斗中宁死不屈，于崖山蹈海殉国；玄孙陆天骥，宋亡后杜门不仕。末孙陆世和、陆世荣皆拒绝元朝征辟。

陆氏一门之所以英才辈出，忠烈过人，陆游的家风教育功不可没。作为一位爱国诗人，其家教也往往通过写劝诫诗的方式来表达。例如儿子子龙赴任吉州时，他作《送子龙赴吉州掾》一诗作为送别，同时也是告诫。诗如下：

我老汝远行，知汝非得已。驾言当送汝，挥涕不能止。
人谁乐离别，坐贫至于此。汝行犯胥涛，次第过彭蠡。
波横吞舟鱼，林啸独脚鬼。野饭何店炊，孤棹何岸舣？
判司比唐时，犹幸免笞棰。庭参亦何辱，负职乃可耻。
汝为吉州吏，但饮吉州水。一钱亦分明，谁能肆谗毁？
聚俸嫁阿惜，择士教元礼。我食可自营，勿用念甘旨。
衣穿听露肘，履破从见指。山门虽被嘲，归舍却睡美。
益公名位重，凛若乔岳峙。汝以通家故，或许望燕几。
得见已足荣，切勿有所启。又若杨诚斋，清介世莫比。
一闻俗人言，三日归洗耳。汝但问起居，余事勿挂齿。
希周有世好，敬叔乃乡里。岂惟能文辞，实亦坚操履。
相从勉讲学，事业在积累。仁义本何常，蹈之则君子。
汝去三年归，我倘未即死。江中有鲤鱼，频寄书一纸。

诗中首先告诫儿子要生活俭朴，清白自守，做个廉明的好官。在金钱的问题上，哪怕是一个钱，也要公私分明，保证自身清白廉洁。平时要省吃俭用，要用积攒下来的钱陪嫁女儿，用自己挣的钱去请品德高尚的老师教导儿子。至于自己，虽然已经老了，但一切尚可以自理，不用惦念。这是教导儿子要忠于职守，为民做好事，还特别强调在物质生活上要俭朴、廉洁。

其次，陆游告诫儿子要尊重当地有名望的人士，但不可有什么企求。陆游提到了吉州的几位名流，如周必大，孝宗时官至左丞相，光宗时被封为益国公，地位高，名气大，处世严谨，令人敬畏。还有一位叫杨万里的著名诗人，号诚斋，历任孝宗、光宗、宁宗三朝，官至秘书监，清廉耿介，品德高尚，举世无双。诗人在这里是教导儿子做官要尊老敬贤，学习他们的优秀品德和高尚风格，但不要依赖这些德高望重的人庇护自己，要靠自己的努力去争得百姓的拥戴。

再次，陆游告诫儿子要同当地的友人共勉仁义。当地的陈希周、杜敬叔二人善于写诗做文章，很有学问，且正直廉介，品行高尚。陆游要儿子和他们共同切磋学问，不断积累、增长自己的知识。一个人要达到仁义的思想境界，成为有道德的人，必须躬行实践。这是告诫儿子虽然做了官，但不可自满自足，固步自封，要经常向有学问、品德高尚的友人学习，切实加强自身修养，不断提高自己的境界。而要真正做到这一点，必须在实践中运用自己所掌握的知识学问，切不可只是高谈阔论，坐而论道。最后，陆游嘱咐儿子要常写家信。

《送子龙赴吉州掾》一诗，主要内容是陆游教子以为官之道，表达对儿子的热切期望，充分体现了一个正直和善、品德高尚的父亲对即将为官的儿子的关心和爱护。全诗字字句句，情真意切，感人肺腑。

【引申】

陆游一生极其重视家庭教育，《放翁家训》是他的一部家训专著。此书由两部分组成：前一部分写于乾道四年（1168）五月十一日，陆游时年四十四岁；后一部分写于其八十岁左右。《放翁家训》在宋代的家训中有一定的地位，是作者在沿袭历代家训、重视子孙道德教育的同时，结合自己的切身经验写成，故每有道德教育方面的独特而又发人深省之处。

比如对于才思敏锐的子弟，父母一般是欣赏、骄傲的态度，但陆游却说："后生才锐者，最易坏，若有之，父兄当以为忧，不可以为喜也。"担忧之余，陆游也给出补救之方："切须常加简束，令熟读经学，训以宽厚恭谨，勿令与浮薄者游处。自此十许年，志趣自成。不然，其可虑之事，盖非一端。"而在

绍兴陆游纪念馆内景

贪欲方面，陆游说：“大抵人情慕其所无，厌其所有，但念此物若我有之，竟亦何用？使人歆艳，于我何补？如是思之，贪求自息。若夫天性淡然，或学已到者，固无待此也。”

整个家风中最突出的思想是教育子孙要继承清白家风，做本分人，专心耕读，做乡中君子，不要贪慕荣达。这是陆游看清官场黑暗与险恶的结果，是其一生仕途和人生经验的总结，对后世仕宦人士的家训也产生过重要影响。

【箴言】

人士有吾辈行同者，虽位有贵贱，交有厚薄，汝辈见之，当极恭逊。己虽高官，亦当力请居其下。

汝辈但能寡过，勿露所长，勿与贵达亲厚，则人之害己者自少。

——陆游《放翁家训》

朱熹：苦心教子女　政教惠台州

【原典】

督责问学

盖汝好学，在家足可读书作文，讲明义理，不待远离膝下[1]，千里从师。汝既不能如此，即是自不好学，已无可望之理。然今遣汝者，恐汝在家汩[2]于俗务，不得专意。又父子之间，不欲昼夜督责，及无朋友闻见，故令汝一行。汝若到彼，能奋然勇为，力改故习，一味勤谨，则吾犹有望。不然，则徒劳费，只与在家一般。他日归来，又只是旧时伎俩人物，不知汝将何面目归见父母亲戚、乡党故旧耶？念之念之！“夙兴夜寐[3]，无忝[4]尔所生！”在此一行，千万努力！

（朱熹《朱子训子帖》）

[1] 膝下：指父母身边。
[2] 汩：沉迷。
[3] 夙兴夜寐：早起晚睡，形容勤奋。
[4] 忝：有愧。

衣冠整洁

男子有三紧，谓头紧、腰紧、脚紧。头，谓头巾，未冠者总髻；腰，谓以绦或带束腰；脚，谓鞋袜。此三者，要紧束，不可宽慢，宽慢则身体放肆不端严，为人所轻贱矣。

行身端正

凡行步趋跄[1]，须是端正，不可疾走跳踯。若父母长上有所唤召，却当疾走而前，不可舒缓。

读书三到

凡读书，须整顿几案，令洁净端正。将书册齐整顿放，正身体，对书册，详缓看字，仔细分明读之。须要读得字字响亮，不可误一字，不可少一字，不可多一字，不可倒一字，不可牵强暗记。……余尝谓读书有“三到”，谓心到、眼到、口到。心不在此，则眼不看仔细。心眼既不专一，却只漫浪诵读，决不能记，记亦不能久也。三到之中，心到最急。心既到矣，眼口岂不到乎？

（以上朱熹《童蒙须知》）

崇尚俭朴

葱汤麦饭[2]两相宜，葱补丹田麦疗饥。莫谓此中滋味薄，

[1] 趋跄：形容步趋中节，亦指朝拜、进谒。
[2] 麦饭：磨碎的麦煮成的饭，指粗粝的食物。

前村还有未炊时。

（朱熹《诗慰女儿贫》）

【家规故事】

朱熹（1130—1200），字元晦，号晦庵，卒谥文，世称朱文公，徽州婺源（今江西婺源）人。

朱熹是南宋著名大学者，但儿子朱塾却不喜欢学习，而且当时有“父不教子”的习俗，于是身为儒学大家的朱熹便将儿子送到老友吕祖谦那里，请他代为教育。同时还给吕祖谦写了一封信，信中表示：“如果实在是教不好，还像在家里一样，那请你写信告诉我，我会尽快把他领回来。”另外，他也给朱塾写了一封信，信中仔细分析了自己之所以把他送去读书的原因和自己的期望，信的大意是：如果你在家能好好学，我也就没必要千里迢迢把你送去读书，现在之所以这么做，是因为你在家没有

朱熹像

长进，我怕你的心性会因此而被世俗的事物占据，人生不得继续进步。作为父亲，我不好日夜逼迫你读书，你又没有好的朋友可以相互交流切磋，所以只好把你送过去。希望你在那里能改掉坏习惯，好好学习，这样我才能有所期待；如果他日归来时，你依旧还是离开时的你，那你又有何面目来见亲人、乡邻呢？全信内容可谓语重心长，谆谆教诲。后来他还给朱塾写过好几封信，告诫他为学要处处留心，随时请教，不耻下问，而且要谦逊守礼，勤奋好学，不可疏懒骀荡。朱塾终不负父望，后来比较上进，在吕祖谦处学习了一年，性情就发生了变化。

朱熹任秘阁修撰时，有一次去看女儿、女婿，不巧女婿蔡沈外出，女儿便留父亲吃饭。进餐时，女儿望着桌上简单的葱汤麦饭，眼噙愧泪。女儿的心思朱熹早就看出来了，便宽慰她说："俭朴度日，是我们家的好家风。"饭后，他还题了一首诗留给女儿、女婿。诗曰："葱汤麦饭两相宜，葱补丹田麦疗饥。莫谓此中滋味薄，前村还有未炊时。"蔡沈归来，见岳父如此崇尚俭朴，深受感动，便把此诗贴在壁间，当成座右铭。

除了对子女教育的重视之外，朱熹还写了一些关于童蒙教育的文章，如《童蒙须知》等，来规范子弟的行为。其目的是使子弟从小就在生活和学习方面养成良好的行为规范。另外他又斟酌取舍古今礼书，编纂出家庭礼仪之书——《家礼》五卷。

名播四海

元赵子昂[1]以书法称雄一世，落笔如风雨，一日能书一万字。名既振，天竺有僧数万里来求其书，归国中宝之。

（马宗霍《书林记事》）

兼具多才

然公之才名，颇为书画所掩，人知其书画而不知其文章，知其文章而不知其经济[2]之学也。

（杨载《赵公行状》）

【家规故事】

元朝的仁宗皇帝，曾下令把赵孟頫、管道升和赵雍的书法合装一卷，藏于秘书监，说："使后世知我朝有一家夫妇父子皆善书，亦奇事也。"

赵孟頫像

赵孟頫（1254—1322），字子昂，号松雪道人，其斋堂号为松雪斋，吴兴（今浙江湖州）人，元初著名的书法家、画家、诗人，著有《松

[1] 赵子昂：即赵孟頫，子昂是其字。
[2] 经济：经国济民，治理国家。

雪斋文集》等。

赵孟頫本为宋朝宗室，“才气英迈，神采焕发，如神仙中人”。入元后，行台侍御史程钜夫“奉诏搜访遗逸于江南”，举荐赵孟頫入朝为官。元世祖忽必烈极为欣赏赵孟頫，和大臣谈论文学之士时，曾将其与李白、苏轼相提并论，并赞他“操履纯正，博学多闻，书画绝伦，旁通佛、老之旨，皆人所不及”。据《元史》记载，赵孟頫为官期间，多次仗义执言，据理力争，在经济、政治方面皆有功绩。

不过历史上的赵孟頫，主要还是以书画传名。他博学多才，能诗善文，书法、绘画皆精，另外在金石、律吕、鉴赏方面也造诣匪浅——其中成就最高的是书法和绘画。他被董其昌称为“元人冠冕”，名声远播海内外，曾有僧不远万里，从天竺赶

赵孟頫《牧马图》

过来求其书法作品。赵孟頫高超的艺术才华，不仅影响了当时和后世的书画艺术发展，而且对其家族在书画领域所取得的巨大成就也功不可没。赵孟頫的妻子、儿子、外甥等在书法或绘画方面都曾师法其技，获益匪浅。

管道升（1262—1319），字仲姬，一字瑶姬，浙江德清人，一说华亭（今上海青浦）人。元代著名的女书法家、画家、诗词创作家，赵孟頫之妻。她从小学书画，“有才略，聪明过人，亦能书，为词章、作墨竹，笔意清绝”。与丈夫同为中峰明本和尚的俗家弟子，笃信佛法，曾手书《金刚经》数十卷，赠送给寺院。延佑四年（1317），朝廷封她为“魏国夫人”，人因称其为“管夫人”，以与晋代女书法家“卫夫人”相应。她的书法受丈夫影响很深，“常与赵书并置而不可辨”。日常生活

中传承书香画艺，栽培子孙后代。

赵雍，字仲穆，乃赵孟頫次子，亦以书画知名。其真、行、草书师法父亲，从小耳濡目染，故与母亲一样，作品也能乱真。据陶宗仪《书史会要》载：赵孟頫“尝为幻住庵写《金刚经》，未及半而薨，雍足成之，其连续处人莫能辨，于此以见其得家传之秘也”。

除以上三位，赵家还有赵孟頫的弟弟赵孟吁，儿子赵奕，孙子辈的赵麟、赵凤等也都擅长书画；另外，“元四家”中的王蒙则是赵孟頫和管道升的外甥，书法最初也是师法赵孟頫。

自赵孟頫始，如此多的书画家出于赵氏一门，一个个皆妙擅书画，且名家辈出，代代相传，这在中国绘画史上也是稀有的。赵氏的翰墨家风，亦足以流芳千古。

【引申】

赵孟頫一门翰墨风流，除了赵孟頫本人的言传身教，两位女性同样功不可没，一位是赵孟頫的母亲丘夫人，另一位是他的妻子管道升。

丘夫人是一位有担当的女性。当赵孟頫父亲去世后，她承担起了教育子女的重任，并且谆谆教导赵孟頫要努力读书上进，赵孟頫不负所望，终于成为大才。

湖州赵孟頫故居旧址纪念馆内丘夫人勉学励志壁画

管道升不仅是一位才女，也是一位贤妻。与赵孟頫成亲之后，夫唱妇和，琴瑟相悦。他们不但在艺术上如切如磋，在坎坷的世途中也相濡以沫。赵孟頫是南宋皇室，后来做了元朝的官，为此他遭受众多贬斥。彷徨失意时，管道升便以填词赋诗的方式暗示丈夫退隐，不要在是是非非的官场停留，如《渔父词》中写道："人生贵极是王侯，浮名浮利不自由。争得似，一扁舟，吟风弄月归去休！"这种淡泊名利的心态影响了赵孟頫，使其在世态浮沉中有了一个笃定的后方。

管道升堪称相夫教子的典范，她十分注重对于子女品德和艺术审美的培养。好母亲胜过好老师，这样一位才德兼备的贤母，

湖州赵孟頫故居旧址纪念馆

自然在造就赵氏家族翰墨家风的过程中功不可没。

【箴言】

法者，人命所系，议有重轻，则人不得其死矣。

古者刑不上大夫，所以养其廉耻，教之节义。

——《元史·赵孟頫传》

治天下之道必本于仁义，唐虞三代之盛用斯道也。刑罚之施，不过辅治而已。

——赵孟頫《松雪斋文集》

刘基：勤廉爱民　清风润泽

【原典】

谨遵祖训

祖宗以勤俭治家，以孝悌传家，以诗礼教家，为乡所推重，我子孙至今赖之。凡为祠下子亦须率遵祖宗修行，毋交匪类[1]，毋好争讼，毋逞骄奢，毋以强凌弱，毋以富欺贫，毋见利忘义。居乡则为乡之善士，在朝则为国之良臣。不然则衣冠罪人，登我祠堂且有愧色，异日何以见祖宗于地下？勉之慎之！

（《刘氏家训》）

勤俭耕读

勤俭立身之本，耕读保家之基。大福皆同天命，小富必要殷勤。

[1] 匪类：行为不端的人。

吃苦耐劳

夏天又怕暑热，冬寒又怕出门。为人怕寒怕热，如何发达成人。

请看天上日月，昼夜不得留停。臣为朝君起早，君为治国操心。寒窗苦读君子，五更雪夜萤灯[1]。官商盐埠当铺，万水千山路程。

同心和睦

一家同心合意，何愁万事不兴。若是你刁我拗，家屋一事无成。夫妻更要和顺，吵闹家也不宜。亲朋不可轻视，弟妹不可断情。贫富都要来往，免被别人看轻。

（以上刘基《传家宝》）

【家规故事】

刘基（1311—1375），字伯温，青田南田乡（今属浙江文成）人。元末明初杰出的军事家、政治家、文学家和思想家，明朝开国元勋。

刘基家族是“远祖尚武，近世修文”的大族，刘基曾祖刘濠官至宋翰林掌书，祖父庭槐为元太学上舍，父亲刘瀹“通经术”，

[1] 雪夜萤灯：晋代孙康在夜晚借雪映出的反光读书；晋代车胤以囊装萤火虫来照明读书。形容家境贫穷但勤学苦读。

为元代遂昌教谕。刘氏乐善好施，义孚乡里，曾祖刘濠曾有甘冒身家性命之险智救万人的义举。刘基生长在这样的家庭，自小形成了“慨怀黎民忧”“推余补不足”的民本思想。

刘基像

刘基一生经历元、明两朝，在元朝为官时，仕宦生涯颇多曲折，几起几落。1336年，刘基被授予瑞州路高安县丞职。在任时，他崇尚廉洁，不畏权势，革除陈弊，得到县民的爱戴，以“慈父”视之。但同时，他也得罪了当地的豪门势力。在审理一起杀人案时，他秉公执法，将杀人凶手、收受贿赂而枉法的初审官一一定罪，为受害者洗清了冤情，可他自己却受到豪右权臣的报复，被免去了职务。这是刘基首遭仕途挫折，但他矢志不渝。前后仕元二十多年，四起四落，刘基一直沉沦下僚，不得精进，主要原因就在于他始终恪守清廉从政的道德底线，与腐败丛生的元末官场格格不入，根本无法相融。至四十八岁，刘基终于心灰意冷，愤而辞官，归隐家乡青田山中。

归隐一年后，基于救民于水火的考虑，刘基决定重新出山，辅佐朱元璋平定天下。入明后，刘基极力向朱元璋灌输宽仁爱

文成刘基故居（刘日泽／摄）

民的思想理念，推动朝廷实施轻徭薄赋的经济政策，使人民得以休养生息。而对个人的功名利禄，刘基则始终淡泊处之，清廉自守。自追随朱元璋之后，朱元璋曾数次欲加刘基爵禄，但都被他婉言谢绝。最后刘基被封诚意伯，食禄仅二百四十石。封爵次年，刘基被赐告老还乡，归隐南田山中，每日“饮酒弈棋，口不言功”。史载，刘基作为当朝二品退休高官，所居却仍是当年茅舍。

洪武八年（1375），刘基病逝于南田家中，死后没有高陵大墓，只有一丘黄土，几茎荒草。据说刘基临死前，撕碎了亲友们给他设计的豪华坟墓的图纸，劝诫儿子说人不能靠造坟墓立牌坊流芳百世。事实也是如此，他那没有墓碑的土坟堆，在后世的老百姓的心中却如一座不可磨灭的丰碑。

【引申】

我国民间流传着大量刘伯温足智多谋神机妙算的传说，他与诸葛亮一样被视为智慧的象征。历史上真实的刘基，虽不如传说的那么神奇，但作为儒家士子，刘基在立德、立功、立言方面皆有杰出建树，被明朝皇帝称为“帝师”“王佐”，被史学家称为“三不朽”伟人、千古人豪，备受后世赞誉与景仰。“勤廉爱民”是刘基为官做人的坚守，是他对子孙后代的期望，也是刘氏族人千百年来坚持实践的准则，如阵阵清风，润泽着浙南大地。

刘基初登仕途，作《官箴》三篇以自勉。在《官箴》里，他以四言诗的形式，全面阐述了为官从政应坚守的底线与原则。他提出“治民奚先，字之以慈”的民本理念，立志“拯艰息疲”；他说对待老百姓要“弱不可陵，愚不可欺，刚不可畏，媚不可随”；他认为清廉自守是为官的基本要求，“无矜我廉，守所当为”。《官箴》成为刘基一生为官的座右铭。

文成刘基庙（李武／摄）

文成刘伯温纪念馆（刘日泽／摄）

刘基著有寓言散文

集《郁离子》。在书中，他深刻反思元末社会整体性腐败的根源，认为名利对人性的扭曲，是造成社会礼崩乐坏、弊端丛生的重要原因，于是写了许多寓言来抨击人性的贪婪，告诫为官者尤其要警惕贪婪之害，远离利诱即是远离灾祸。

【箴言】

立事惟公，烛诈惟诚。小节勿固，小慧勿行。
无矜我廉，守所当为。无沽我名，以生众疑。
何以简讼？决之使通。何以弭贪？慎检乃躬。

——刘基《官箴》

安得廉循吏，与国共欣戚。清心罢苞苴，养民疗国脉。

——刘基《田家》

甄完：清官第一千秋颂　清白遗风世泽长

【原典】

立品修身

立人品，端志趋[1]。凡子孙，初知章句[2]，便教之以爱亲、敬长、尊君、信友之道。庄敬持身，谦恭处世，上不愧天，下不怍人，志气向上，无为下流。

各尽其才

子孙当各务一业，士、农、工、商，随其才而器使之。如天资聪俊，必使游庠[3]，采博圣经，以为祖宗光宠。其或资禀庸下者，使之勤耕务农，或工或商，打点门户，毋使群聚游戏，纵恣博饮[4]，以为乡党邻里讪诮。

[1] 志趋：志趣。
[2] 章句：指文章、诗词。
[3] 庠：学校。
[4] 博饮：赌博豪饮。

守法秉正

一或不轨，至于犯法，以系囚狱，小则败家破业，大则捐命丧躯，甚而累及伯叔亲戚被于箬楚。凡我子孙，务宜君子怀刑，勿使亏体辱亲可也。

淡泊戒贪

毋遗饥寒，毋趋炎热。

兄弟为善

务宜亲厚，无致阋墙[1]，兄友弟恭，式好无尤，各尽其礼而已。

（以上《甄氏祖训》）

【家规故事】

“甄布政，甄布政，长椽细瓦擂鼓门，八十公公作樵夫，七十婆婆织纺锭，两只小船运菜缺一顿。”这首传唱至今的民谣，歌颂的是一种清廉朴素的精神和生活作风，其主人公是明代被称为“清官第一”的甄完。

甄完（1392—1465），字克修，号复庵，明代浙江新昌人。他自幼颖异力学，就读于金岩义塾、县学，授读《孝经》及古诗文，

[1] 阋（xì）墙：指兄弟不和睦。

即能随口成诵。因家境贫寒，故只能整日放牛割草，每每路过私塾，迷恋于琅琅书声，常趴在窗下偷听先生授课，将四书五经熟记于心。甄完无钱买笔墨纸砚，但仍力学不倦，劳作之余及溪边放牧时，常折枝成笔，沙滩作纸，明月为灯，苦练书法。

功夫不负苦心人。永乐十八年（1420），甄完乡试中举，并于第二年登进士第。浙江同乡同科进士有钱塘于谦，山阴曹南，会稽胡智、章信宗等，时乡谚称“甄完三九英壮跃龙门”。

宣德元年（1426），甄完任刑部山东清吏司主事。时朱高煦叛乱，株连无辜，逮捕近三千人，而甄完清慎明刑，秉公而断，救活者甚众。

新昌甄完故里廉政文化教育基地内甄完像

正统四年（1439）升广西布政使司左参议，时当地少数民族杂处，守边的军队因毒瘴而损员严重，甄完便上奏，要求用当地土人补充兵员。另外还“建巡司，守要害，耕战兼用，免转输之费，被朝廷视为久经方略”。后来，甄完平定大藤峡之乱，又将俘获的上万俘虏释放，令他们回去种田。朝廷为了表彰他的功劳，以文绮臧获相赐，甄完又把奴婢遣送回家。广西靖江王府仗势加倍收取禄米，甄完重新厘算，上疏请求革除弊端，以缓解民困。

景泰四年（1453）擢升河南左布政使，时“河南七郡水旱相仍，民多流殍”，甄完节支禁奢，发仓赈济，还上奏免除夏税，“活民以千万计”。

甄完从政三十余载，每到一地，皆有惠政，“时朝廷遣六部按行天下考察，独甄完所治不复命考”。

甄完居官清俭。夏天他常穿以苎葛制成的衣服，好友湖广左布政使马谨不忍心，便私下叫人缝制了一件青纱衣送给他。甄完平时舍不得穿，收藏终生。任布政使期间治理黄河，甄完经手的治河经费数目巨大，但账目一清二楚，即使是检验金银真假时锉下的粉末，他也全部上缴国库。

景泰六年（1455），甄完辞官返乡，勇退自逸。

新昌镜岭镇岩泉村苍骊山麓的甄完墓

【引申】

新昌历史悠久，人文荟萃，有耕读传家、尊师重教传统。康熙《新昌县志》载："特其地多闻人，为孝友、为节义、为理学，经济文章，代不绝书。"自唐至清末，全县先后中进士者一百九十二人，举人三百三十三人，而甄完即是其中的佼佼者。

甄完一生，清廉仁政，厚德泽民，气节脱俗；在家族方面亦亲身实践了亲族互助、清白传家的理念。他长期在外为官，但家乡若有困难，即给以帮助；宗亲有贫乏不能婚葬的，便予以资助；两个兄长早亡，他抚养诸孤如同己出，并帮他们一个个结婚成家。甄完父亲在世时，曾有客人在甄家寄放了价值百金的货物，后该人客死他乡，其家人也不知寄存一事。甄完没有因为生活困难而将之据为己有，而是想方设法找到其后人，如数归还。甄完亲身实践了清白家风的理念。

为了和睦家族，传承教化，甄完还于洪熙、宣德年间创立了《甄氏祖训》，共二十六则，全文三千余字，涵盖持家、立业、礼仪、教化、为官、做人等方面，倡导尊儒守礼、克己重德、清正廉洁。内容具体详尽，条条发人深省，可谓是甄完一生的写照和体现。

甄氏以“爱亲、敬长、尊君、信友”为正心、修身、齐家之道，教育、引导、激励和鞭策着一代又一代后世子孙。甄氏后裔秉承先祖遗风，生生不息，其中英才更是辈出，如淡泊明志的甄圭，诗礼传家的甄昇，淹通经史的甄应奎，孝义感人的甄渭、甄声，

新昌甄完故里廉政文化教育基地全景图

等等。他们恪守《甄氏祖训》中强调人品德行、志趣理想为人生第一要义的古训，以庄重笃实的态度修身，以谦和恭敬的态度处世，上无愧于天，下无愧于人，立志向上，积极进取，足为世人楷模。

新昌甄完故里廉政文化教育基地内的方伯牌坊

【箴言】

烟山苍茫，荟萃人文家声远；镜水澄澈，清白遗风世泽长。

布政布德，彩烟千古承遗泽；清水清声，澄江一脉继高风。

——甄完祠楹联其二

贫贱不屈贵不矜兮，有功有烈廉且贞兮，辞以伸之德永馨兮。

——张粹《方伯公甄先生诔辞并序》

于谦：一腔热血　两袖清风

【原典】

清白立身

粉骨碎身浑不怕，要留清白在人间。

（于谦《石灰吟》）

苍生为念

但愿苍生俱饱暖，不辞辛苦出山林。

（于谦《咏煤炭》）

清廉自持

清风两袖朝天去，免得闾阎[1]话短长。

（于谦《入京诗》）

节操自持

树坚不怕风吹动，节操棱棱还自持。

（于谦《北风吹》）

[1] 闾阎：泛指平民百姓。

于谦像

【家规故事】

于谦（1398—1457），字廷益，号节庵，明代浙江钱塘（今浙江杭州）人。于谦的祖父十分钦慕文天祥的为人，将他的画像供奉在家中，虔诚敬拜。据说有一天，他梦见一位穿着绯红色袍子的神人对他说："我感念你的虔诚侍奉，将要成为你的后嗣。"祖父逊谢不敢当。没过多久，于谦出生了。之所以取名"谦"，便是表达梦中的逊谢之意。

在祖父的影响下，幼时的于谦便以文天祥为自己的榜样，后来还特意在祖父收藏的文天祥画像上撰写了赞词，并将之悬置在自己座旁。赞词曰："呜呼文山，遭宋之季。殉国忘身，舍生取义。气吞寰宇，诚感天地。陵谷变迁，世殊事异。坐卧小阁，困于羁系。正色直辞，久而愈厉。难欺者心，可畏者天。宁正而毙，弗苟而全。再向南拜，含笑九泉。孤忠大节，万古攸传。我瞻遗像，清风凛然。"

于谦说到做到，确实一直以道德楷模的标准来要求自己。

明正统年间，宦官王振专权，骄横跋扈，作威作福。各地方官进京，或京官奉差外出归来，皆须向其献纳礼品，如若不然，则常遭非难、排挤或打击。于谦其时恰逢回京奏事，有人私下劝他，就算不用金银之物，带些绢帕、蘑菇、线香之类的土特产也好，送给权贵作个人情。于谦听了不以为意，哈哈一笑后展纸挥毫，赋《入京诗》一首：

绢帕蘑菇与线香，本资民用反为殃。

清风两袖朝天去，免得闾阎话短长。

杭州于谦祠

意思是说，绢帕、蘑菇、线香之类的产品，本来都是供民用的，然而因贪官污吏之搜刮，它们反而给人民带来了灾祸。我就带着两袖的清风去朝见天子，以免百姓们不满。借此表明了自己为官清廉，不愿同流合污的气节。

后来，于谦果然不带一物，两袖清风地上路了。

【引申】

“两袖清风”现在常被用来形容为官者正直、清廉的品行。于谦除了为官清廉之外，在明朝抵抗瓦剌入侵的过程中也作用

杭州于谦墓

甚巨，《明史》因而赞其“忠心义烈，与日月争光”。这种清廉和爱国品格的养成，跟他从小所受的教育熏陶分不开。他的祖父和父亲都是南宋抗元英雄文天祥的崇拜者，在他们的教育下，于谦年少时即十分仰慕文天祥的气节，还曾悬挂其画像于座位之侧，几十年如一日。正因此，在国家面临外敌入侵，风雨飘摇之际，他才会有“粉骨碎身浑不怕，要留清白在人间”的豪迈志气和行动。

【箴言】

名节重泰山，利欲轻鸿毛。

——于谦《无题》

一寸丹心图报国，两行清泪为思亲。

——于谦《立春日感怀》

挽将天上银河水，散作甘霖润九州。

——于谦《望雨》

居一官则效一官之职，位一日则尽一日之事。

——于谦《不待三然则子之失伍也亦多矣》

王阳明：此心光明　亦复何言

【原典】

立志为先

夫学，莫先于立志。志之不立，犹不种其根而徒[1]事培拥灌溉，劳苦无成矣。

夫志，气之帅也，人之命也，木之根也，水之源也。源不濬[2]则流息，根不植则木枯，命不续则人死，志不立则气昏[3]。是以君子之学，无时无处而不以立志为事。

（王阳明《示弟立志说》）

学谦恭，慎交游

幼儿曹[4]，听教诲：勤读书，要孝悌；学谦恭，循[5]礼义；

[1] 徒：白白地。
[2] 濬：疏通。
[3] 昏：惑乱。
[4] 儿曹：犹儿辈。
[5] 循：遵守。

节饮食，戒游戏；毋说谎，毋贪利；毋任[1]情，毋斗气；毋责人，但[2]自治。能下人，是有志；能容人，是大器。凡做人，在心地；心地好，是良士；心地恶，是凶类。譬[3]树果，心是蒂[4]；蒂若坏，果必坠。吾教汝，全在是。汝谛听[5]，勿轻弃。

（王阳明《示宪儿[6]》）

时雨春风

今教童子，必使其趋向鼓舞，中心喜悦，则其进[7]自不能已[8]。譬之时雨春风，沾被[9]卉木，莫不萌动发越[10]，自然日长月化；若冰霜剥落，则生意萧索，日就枯槁矣。

（王阳明《训蒙大意示教读刘伯颂等》）

【家规故事】

王阳明（1472—1529），名守仁，字伯安，明代浙江余姚人，是中国古代著名的思想家、教育家和军事家。他的父亲叫王华

[1] 任：由着，听凭。
[2] 但：只，只要。
[3] 譬：譬喻，比喻。
[4] 蒂：花或瓜果跟枝茎相连的部分。
[5] 谛听：注意听，仔细听。
[6] 宪儿：王阳明的儿子王正宪。
[7] 进：进步。
[8] 已：停止。
[9] 被：同“披”，覆盖。
[10] 发越：发扬播散。

（1446—1522），字德辉，号龙山公，一生品德、学识过人，更是明成化十七年（1481）的状元。

王阳明像

正德初年时，王华王阳明父子正同朝为官。此时宦官刘瑾专权乱政，各路官员如蝇逐臭，争相攀附。王阳明出于义愤，上疏谏言，结果触犯刘瑾，受廷杖四十后，又被打入诏狱。众亲友劝王华去刘瑾处求情；刘瑾也看重王华孝宗老师的身份，想加以联络，故扬言只要其到门下为儿子认错求情，那么王阳明不仅可以获释，还可升官重用。父子亲情，王华自然为狱中的儿子担忧，但他天性正直，铁骨铮铮，拒绝之言也是掷地有声："我儿子为弹劾刘瑾而获罪，理直名香！"为此，刘瑾怨恨更深，遂将王阳明贬至边远的贵州龙场驿，当一个小小驿丞。

龙场在贵州西北万山丛中，当时那里还是一个"蛇虺魍魉，蛊毒瘴疠"的地方，生存环境之恶劣可想而知。不过正如老子所言，“祸兮福之所倚”，这话用在王阳明身上颇为贴切。

王阳明从小以神童知名，年纪轻轻，即有“登第恐未为第一等事，或读书学圣贤耳”的认识；此后数次科举失利，有同学以不中举为耻，他却笑道：“汝以不得第为耻，吾以不得第动心为耻。”在遭遇人生挫折时，早年的信仰开始在生命中发挥作用，而其焕发光彩，照亮王阳明整个人生，甚至照亮了此后中华文明的，正是被贬期间的“龙场悟道”——“始知圣人之道，吾性自足，向之求理于事物者，误也！”牟宗三先生对此论述道：“这是阳明一生所受的濒临生死边缘的大挫折。……人到绝途，方能重生。必现实的一切，都被敲碎，一无所有，然后‘海底涌红轮’，一个‘普遍的精神实体’始彻底呈现。此之谓大开悟。得失荣辱，甚至生命，都被迫放弃，不在念中，亦无法在念中，然后得真归依。”王阳明从此开始他作为“心学大师”的非凡一生。

贬谪期满后，王阳明升江西庐陵知县，并历任都察院左佥都御史、江西巡抚、南京兵部尚书等职。在职期间，他妥善处置了南赣地区的山民动乱；还出奇制胜，以少胜多，平息南昌宁王朱宸濠的叛乱，并因功封为“新建伯”；更以治心之法，妥善解决了广西地区的动乱，保障了西南边陲的安定。《明史》评价说：“终明之世，文臣用兵制胜，未有如守仁者也。”除了杰出的军事才能之外，王阳明还聚徒讲学，兴办学校，随军时亦不例外，以便在治政、治军的实践中来培养学生的实际才干。

王阳明的一生，文治武功，勋业卓著。他既有高尚人格，又建不世之功，更为后人留下了光照千古的学术成就。他认定理在吾心，提倡“致良知”之教，在解放思想、激发生命活力、维护人格尊严方面影响深远。王阳明可以说是真正做到了自己所推重的“知行合一”的要求，因而堪称“明第一流人物，立德、立功、立言，皆居绝顶”的完人。

临终之前，王阳明给侍奉床前的弟子留下的遗言是：“此心光明，亦复何言。”

余姚王阳明故居

【引申】

浙江余姚的姚江王氏家族，自明以来名家辈出，先后有六人被明清正史立传，而三部清代的《余姚县志》，也都以其先祖为明朝列传之开篇。其中最为有名的自是王阳明，他在祖父王伦、父亲王华的影响下，从小立志成贤，后来与儒学创始人孔子、儒学集大成者孟子和理学集大成者朱熹一起，被称为“孔孟朱王”，是儒家思想的杰出代表。传世作品有《王文成公全书》，其中收有王阳明对兄弟、子女和族中晚辈的众多书信，文字中满含对家族成员的教诲和希望。

余姚王阳明故居广场

在家教方面，王阳明坚持“以良知教子孙，以知行传家规”，其中最著名的家训作品是短短九十六字的《示宪儿》。

“宪儿”即王阳明的儿子王正宪，他本是王阳明堂弟王守信的儿子，后过继给王阳明。王正宪时年十一岁，正是需要教育受训的年纪，不过王阳明长年任职在外，无法亲身教育孩子，于是就寄了一纸“家训”作为教训，这就是著名的王阳明家训——《示宪儿》。整篇家训采用歌谣体形式，三字一句，一韵到底，通俗易记，便于朗诵。其中“重德修身”是全篇的重点，除了要求下一代读书识礼、诚实自治等内容之外，尤其注重心地的好坏，认为它直接关系到一个人一生的成败。对心地的注重也

余姚瑞云楼——王阳明出生处（王松国／摄）

是王阳明学说中“致良知”理论的体现，这种以道德教化和行为规范为主的家教方法，一旦正确实行，能达到“心化于内，形化于外”的积极作用。

后来，王氏后人秉承王阳明的训子家规理念，形成以“三字十二条”为代表的姚江王氏族箴，成为这个家族安身立命的旨要和规范。

【箴言】

破山中贼易，破心中贼难。

——王阳明《与杨仕德薛尚谦书》

吾心自有光明月，千古团圆永无缺。山河大地拥清辉，赏心何必中秋节！

——王阳明《中秋》

今人病痛，大段只是傲。千罪百恶，皆从傲上来。傲则自高自是，不肯屈下人。故为子而傲，必不能孝；为弟而傲，必不能弟；为臣而傲，必不能忠。

——王阳明《书正宪扇》

范钦：代不分书　书不出阁

【原典】

齐心护书

司马[1]殁后，封闭甚严，继乃子孙各房相约为例，凡阁厨锁钥，分房[2]掌之，禁以书下阁楼，非各房子孙齐至，不开锁。

（阮元《宁波范氏天一阁书目序》）

概不外借

书既入藏，不许复出。纵[3]有翻阅之人，照天一阁之例，但在楼中，毋出楼门。

（阮元《书藏条例》）

[1] 司马：指天一阁创始人范钦。
[2] 房：房族，近支宗亲。
[3] 纵：即使。

功参天地

先觉先知，为万古伦常[1]立极[2]；至诚至圣，与两间[3]功化[4]同流[5]。

（此联出自曲阜孔庙大成门，沈之魁书之于天一阁尊经阁内柱）

藏书胜公侯

杰阁三百年[6]，老屋荒园，足魁[7]海宇[8]；赐书一万卷[9]，抱残守缺，犹傲公侯。

（宗源瀚撰书于原天一阁门前壁联）

【家规故事】

“人间庋阁足千古；天下藏书此一家。”清代学者姚伯昂所撰的这副楹联，说的正是宁波的天一阁。这是目前中国现存

[1] 伦常：封建宗法社会的伦理道德，即父子有亲，君臣有义，夫妇有别，长幼有序，朋友有信。这五伦为不可改变的常道，故称“伦常”。
[2] 立极：树立最高准则。
[3] 两间：天地之间，指人间。
[4] 功化：功业与教化。
[5] 同流：合流，比喻同声气。
[6] 三百年：天一阁始建于明嘉靖四十年（1561），到宗源瀚（1834—1897）撰书此联时，约为三百年。
[7] 魁：为首的，居第一位的。
[8] 海宇：犹海内、宇内。
[9] 一万卷：1774年夏，乾隆下诏，赏赐皇家藏书《古今图书集成》一部（计一万零四十卷，共五千零二十册）给天一阁，以表彰天一阁在进献《四库全书》底本工作中的杰出贡献。

最古老的藏书楼，迄今已有四百多年历史，其建造者是范钦。

范钦（1506—1585），字尧卿，号东明，明代浙江鄞县（今浙江宁波）人，我国古代著名的藏书家。他于1532年考中进士，历任隋州知州、工部员外郎、广西参政、福建按察使、河南布政使、右副都御史、兵部右侍郎等职。

范钦酷爱典籍，宦游所至，必留心搜集图书，积一生之力，聚书达七万余卷。因重视同代人著作，其藏书中以明刻本为主，其中明代的地方志、登科录、诗文集等作品尤多。藏书室初名“东

宁波天一阁内范钦像

宁波天一阁

明草堂”，弃官归里后，约在嘉靖四十年至四十五年间（1561–1566），范钦又建成一个新的藏书楼。因书最怕的是火，而水能克火，故从“天一生水，地六成之”中取义，将藏书楼命名为“天一阁”。藏书楼的结构也符合此意：楼上一大间，取“天一生水”之意；下分六间，取“地六成之”之意。楼前还挖掘了蓄水池，池与东面月湖相通，久旱不干，以防火灾。盖古今中外藏书楼，最怕的便是兵火和火灾了。

天一阁建成后，因设计科学而成为古代藏书楼建筑的典范。清乾隆年间下诏建造的文渊、文源、文溯、文津、文汇、文宗、文澜七阁，均仿照其规格设计；而清代藏书家卢址建造的抱经楼，从内部结构到外观，更是完全模仿天一阁。

此外，范钦对图书的珍惜可以说是达到“苛刻”的地步，制定了严格的族规以防止藏书散佚流失。楼建好之后，图书进了天一阁，便如石沉大海，外人再难见到。临终前，范钦更是留下“代不分书，书不出阁”的遗训。

幸运的是，范氏子孙能理解父辈对书的感情，他们严格遵循遗训，相互约定，凡阁门和书橱的锁钥由各房分别掌管，不是各房齐集，不得开锁。这样就防止了子孙个人占有，避免了书籍的散失。至于外人获准登天一阁翻阅藏书的，更是寥寥可数。这种情况一直持续到乾隆三十八年（1773）诏修《四库全书》才有所改变：天一阁共献出珍贵书籍六百余种，其中入选《四库全书》的有九十六种，另有三百八十余种列入存目。

虽然范氏后代子孙严格遵循“代不分书，书不出阁”的遗教，但因年代久远，藏书还是多有散佚。如鸦片战争时，英国侵略者掠去了《一统志》等数十种古籍；1861 年太平军进驻宁波，当地盗贼乘机窃走大批图书；民国初年，江洋大盗薛继渭受上海六艺书局老板陈立炎指使，潜入天一阁，按目索书，盗去的藏书光善本便有一千余种……几番劫难下来，到解放初期，天一阁藏书仅剩一万三千多卷，许多珍籍成为断简残篇。

新中国成立后，政府为保护天一阁，设置专门的管理机构，探访重得流失在外的三千多卷原藏书；宁波许多藏书家和他们的后裔也把自己珍藏的书籍捐赠给天一阁保存。百川归海，目前天一阁总藏书量已有三十万卷左右，其中善本书约八万卷。在经历四百多年的风风雨雨后，天一阁又恢复了往昔的光彩，这不得不说是人间的一大幸事。

【引申】

藏书是一项光荣而艰巨的事业。黄宗羲说："藏书非好之与有力者不能。"前人喜欢读书，后人不一定知书；前人好藏书，后人不一定爱书。不知书者，视典籍为废纸；不爱书者，或因无力保存而贷书为食。藏书得非其人，必将散亡。比如与范钦有"书籍互相借钞"之约的王士贞，还有与范钦"嗜奇相尚"的范大澈，他们的弇山园藏书和卧云山房藏书，不到五十年便均已逐渐散佚。

宁波天一阁北书库全景

宁波天一阁尊经阁

就此而言，范氏子孙能将天一阁保存至今，实非易事。除了对先人心血和理想的理解与尊重，还需要一代代子孙对文化的敬畏之心。只有这理解与敬畏融化在范氏家族子孙的血液里，才能使他们在历史的风雨飘摇中迸发出自豪和坚韧之情，将先人的这份事业维护下去。

除此之外，藏书楼历代所立的规矩也很重要。天一阁里至今仍保存有一块禁牌，上书规定若干：“子孙无故开门入阁者罚不与祭三次；私领亲友入阁及擅开书橱者罚不与祭一年；擅将藏书借出外房及他姓者罚不与祭三年；因而颠鬻者，永摈逐不与祭。”清代阮元就此认为，范氏子孙“以不与祭为辱，以天一阁后人为荣”，这种荣辱观的激励，也是天一阁藏书久而不散的又一个重要原因。

“两浙光风三月柳；千秋功业一楼书。”藏书传家，荣耀千古。

【箴言】

绵世泽莫如积德；振家声还是读书。

——沈元魁题天一阁古书陈列馆柱联

慷慨以定国是，委曲以和民情。

然驰骛声利，津津若饴，及久且习，益恋不舍。至老病且毙，犹望迁拜觊恩泽者，岂少哉？嗟乎！彼诚以官为家也。……余于此安得不三叹息也。语有之：“好胜者必争，贪荣者多辱。”

——范钦《天一阁集》

海瑞：丈夫所志在经国　期使四海皆衽席

【原典】

谢氏教子

教子为名臣，直声动朝野。

（张子翼《海南谢太夫人[1]贞节卷题后》）

心忧天下

今天下有其事，无立事[2]之人。天下靡靡[3]，国家无赖[4]。人不能重己，无以致人[5]有之；己不能自重，致[6]人轻己有之。在彼在此，均当分任其咎[7]。……世尚圆

[1] 谢太夫人：海瑞的母亲谢氏。
[2] 立事：建功立业。
[3] 靡靡：纷乱貌。
[4] 无赖：没有依傍。
[5] 致人：招致人才。
[6] 致：导致。
[7] 咎：过失。

活[1]，圆活私意之所自起也，败尽天下。

（海瑞《赠吴颐庵贰尹向容序》）

执礼尽道

余作小秀才时，见同学长者，竦然恭敬，不敢在旁高言大笑，不敢在班乱序先行。迎骑于长者，道旁勒马；同席于长者，告坐隅迁。吩咐唯唯听从，使令踆踆[2]奔走。夫礼，非以尊人，尽吾道耳；不循理，非以慢人，自弃其道耳。尊长尚存谦虚，卑幼岂宜倨傲！况尊长之年轮到我身，卑幼如斯，果能堪否？

（海瑞《规士文》）

气节为重

天以完节付女，而女不能以全体将之，亦奚颜以立于天地间耶？俯首索气，纵其一举而跻己于卿相之列，天下为之奔趋焉，无足齿也。呜呼！瑞有一于此，不如速死！

（海瑞《严师教戒》）

志在经国

丈夫所志在经国，期使四海皆衽席[3]。

（海瑞《樵溪行送郑一鹏给内》）

[1] 圆活：犹圆滑，指处世变通灵活。
[2] 踆踆：谦退貌。
[3] 衽席：借指太平安居的生活。

清廉自持

卒时，佥都御史王用汲入视，葛帏敝籝[1]，有寒士所不堪者。因泣下，醵金[2]为敛[3]。小民罢市。丧出江上，白衣冠送者夹岸，酹[4]而哭者百里不绝。

（《明史·海瑞传》）

【家规故事】

海瑞（1514—1587），字汝贤，号刚峰，明代广东琼山（今属海南）人，回族。曾官至南京吏部右侍郎、南京右佥都御史，为官清正刚廉，乃历史上著名的清官，有“海青天”之誉。

海瑞四岁时父亲已去世，与母亲谢氏相依为命。在古代，孤儿寡母的生活，其难处可想而知。不过谢氏性格刚强，据海瑞《乞终养疏》，她“誓自砺守，勉针指纺绩”以赚钱养家。因为是独子，所以她将希望全放在了海瑞身上，平时一有空就口授《孝经》《大学》《中庸》等书，而且管教非常严格，“有戏谑，必严词正色诲之”，还想方设法把海瑞托付给“严明之师，以琢以磨”。可以说，海瑞是没有童年的，不像其他的孩子那

[1] 葛帏敝籝：葛布做的帐子，破旧的竹制箱笼。
[2] 醵金：指凑钱，集资。
[3] 敛：入殓。
[4] 酹：把酒洒在地上表示祭奠。

样可以嬉戏玩耍。不过他也争气，自幼勤学苦读，并立志出仕，做一个不谋私利、不谄权贵的好官。后来自号“刚峰”，另有诗明此志：“丈夫所志在经国，期使四海皆衽席。”

海瑞像

海瑞可以说是大器晚成之人，在将近不惑之年才踏上仕途。初任福建南平教谕时，他就显露出耿介不阿的气节。当时有御史来学宫察访，下属官吏皆伏地拜见，唯有海瑞直身作揖，并说：“如果是到御史台拜见大人，自当以下属身份礼拜，但学宫的厅堂是师长教士的地方，不应屈身。”

之后海瑞升任浙江淳安知县，在任期间穿布袍，吃粟米，还让老仆人种蔬菜自给。有一天，他的顶头上司、闽浙总督胡宗宪对人说：“昨天听闻海县令替母亲祝寿，买了两斤肉。”海瑞生活节俭的程度由此可见一斑。在政治上，海瑞推行清丈、均徭，并屡平冤假错案，打击枉法行为，深得民心。胡宗宪的儿子倚仗父势，横行霸道，一次经过淳安，因恼恨驿吏招待不周，竟将其吊打。海瑞得知此事，便派人将胡公子抓起来痛打一番，并没收其敲诈勒索所得。事后修书一封给胡宗宪，故意说：以往总督大人巡视部属，皆严令所经各处不要铺张供给，这人锦衣华服、嚣张跋扈的，一定是假冒令公子，现在我已予以惩处，并押送府上，听凭大人处理。这是海瑞的聪明过人之处，也是胡宗宪公道，虽然儿子吃了亏，但也没有借故去惩治海瑞。

不过另外一个叫鄢懋卿的都御史就不同了，因为海瑞招待简单，他就暗中吩咐当时的巡盐御史袁淳给海瑞治罪，致使本

淳安海瑞祠大门

已被升为嘉兴通判的海瑞被贬为兴国州通判。后来，卢光祖为户部文选郎，才提拔海瑞担任户部主事。

其时，世宗迷信道家，不理政事。朝廷大臣自从有官员因为上书而被治罪之后，也不敢再上谏。海瑞目睹这种糟糕的现状，就准备好棺材，告别妻儿，单独上《治安疏》，内中多批评皇帝之言。此举果然触怒了世宗，不过他为海瑞所感，心知其为臣堪比比干，不想杀了他而使自己成为商纣王一类的人物，便将海瑞下在狱中。这样关了十个月，恰逢世宗去世，海瑞遂得以获释。

1569 年，海瑞担任应天巡抚，疏通吴淞江，推行一条鞭法等，治理有功绩。后因被张居正、高拱排挤，革职闲居十六年，直至 1585 年再起，先后任南京吏部右侍郎和南京右佥都御史，在任期间一仍其旧，力主严惩贪污，直至生命的最后一刻。百姓们也没有忘记海瑞的人格和功劳，尊称他为“海青天”，名垂青史。

【引申】

海瑞一生所学所行，以刚为主，自号刚峰，世人亦称为刚峰先生。在任期间，他极力反对贪污、奢侈，秉公执法，打击豪强，退田还民，昭雪冤狱。为官清廉刚正之外，他的生活也是俭朴至极，清苦之行举朝第一。

1587年，海瑞病逝于南京任上，因无子，丧事遂由佥都御史王用汲主持。据《明史》记载：王用汲到海瑞家，看见他平常所用的那些就算贫寒的文士怕也不能忍受的麻布帐和破竹箱，禁不住哭了起来，就凑钱为海瑞办理丧事。海瑞死讯传出，当地百姓因此罢市。当灵柩抬到江上时，白衣白帽前来送丧的人站满了两岸，祭奠哭拜的人百里不绝。朝廷亦追赠海瑞为太子太保，谥忠介。

一代清官，就此论定。

淳安海瑞祠内海瑞与老百姓互亲互爱的塑像

【箴言】

一邑之事，无非己事，早夜孜孜，毋苟安以图一时之幸也；百里之民，无非吾人，念念在兹，唯恐一夫之或病也。……公以生其明，俭以养其廉，是诚为邑之要道，处世临民之龟镜也。念之哉！

——海瑞《令箴》

夫君道不正，臣职不明，此天下第一事也。于此不言，更复何言？大臣持禄而外为谀，小臣畏罪而面为顺，陛下有不得知而改之行之者，臣每恨焉。是以昧死竭忠，惓惓为陛下言之。

——海瑞《治安疏》

袁了凡：执政为民　著书劝善

【原典】

立命之学

汝之命未知若何，即命当荣显，常作落寞想；即时当顺利，常作拂逆想；即眼前足食，常作贫窭[1]想；即人相爱敬，常作恐惧想；即家世望重，常作卑下想；即学问颇优，常作浅陋想。远思扬祖宗之德，近思盖父母之愆[2]；上思报国之恩，下思造家之福；外思济人之急，内思闲己之邪。

改过之法

但改过者，第一要发耻心。思古之圣贤，与我同为丈夫，彼何以百世可师？我何以一身瓦裂？耽染[3]尘情，私行不义，谓人不知，傲然无愧，将日沦于禽兽而不自知矣。世之可羞可

[1] 贫窭（jù）：贫穷。
[2] 愆：过失。
[3] 耽染：贪恋。

耻者，莫大乎此。……人不改过，多是因循退缩；吾须奋然振作，不用迟疑，不烦等待。小者如芒刺在肉，速与抉剔；大者如毒蛇啮指，速与斩除，无丝毫凝滞，此风雷之所以为益也。

积善之方

有益于人，是善；有益于己，是恶。有益于人，则殴人、詈人[1]皆善也；有益于己，则敬人、礼人皆恶也。是故人之行善，利人者公，公则为真；利己者私，私则为假。又根心者真，袭迹者假；又无为而为者真，有为而为者假。皆当自考。

谦德之效

举头三尺，决有神明，趋吉避凶，断然由我。须使我存心制行，毫不得罪于天地鬼神，而虚心屈己，使天地鬼神时时怜我，方有受福之基。彼气盈者，必非远器，纵发亦无受用。稍有识见之士，必不忍自狭其量，而自拒其福也。况谦则受教有地，而取善无穷，尤修业者所必不可少者也。

（以上袁了凡《了凡四训》）

【家规故事】

袁了凡（1533—1606），名黄，字庆远，号了凡，后人常

[1] 詈（lì）人：骂人。

以号称之，明代浙江嘉善人。

袁了凡在天津宝坻县任职时，发现当地赋税繁多，民不聊生，于是做的第一件事就是用自己的薪俸来抵偿赋税，保全救活了许多处在饥荒中的宝坻民众，据史书记载，“全活甚重”。

有一次，夫人为儿子裁制冬衣，想买棉絮做内里。了凡问：“家里有丝绵又轻又暖和，为什么还要买棉絮？”夫人回答说：“丝绵比较贵，棉絮便宜，我想将家里的丝绵拿去换棉絮，这样可以多裁几件棉袄，拿去赠送贫寒的人家过冬。”了凡本人是个不大为自己考虑，却时时想着穷苦百姓的人，受其影响，夫人亦秉持为百姓着想的善念。

在宝坻县任职的五年期间，考虑到“苛政猛于虎”，了凡还突破层层阻挠，承受巨大压力，上奏备述民间疾苦，使得宝坻的百姓免于苛捐杂税。正是他实施与民休息的政策，宝坻的百姓才得以安居乐业。

天津袁黄像

【引申】

袁了凡年轻时聪颖敏悟，为万历初嘉兴府三名家之一，中进士后授宝坻知县，期间颇有政绩。他一生清廉为官，修性养德，著书立说，其中《了凡四训》是他的传世名作，由《立命之学》《改过之法》《积善之方》《谦德之效》四篇文章组成。该书原名《戒子文》，是了凡用来训诫儿子的。书中融会禅学与理学，劝人积善改过，强调从治心入手的自我修养。

了凡在天津做知县时，预备了一本名为“治心篇”的小册子，里面有许多空格，专门用来记录自己的言行。每天早晨，在坐堂审案前，他都把《治心篇》放在办公桌上，把一天所做的善事或恶事，一事不漏地记录下来，几十年如一日，从不间断。了凡把上述方法叫做记功过格，以此提醒自己每日三省其身。除了上述方法，了凡还将往日一切大小过失表白忏悔，同时每做一件善事，都会随时用笔记下，让家人也按照这个方法记录行善。了凡妻子不会写字，所以每做一件善事，都用鹅毛管，印一红圈在日历上。如送食物给穷人，或买活的东西放生，都会记圈，有时一天多到十几个红圈。了凡就这样行善积德，只用了两年的时间，就完满做成了三千善事。

除了自身积极践行善事外，了凡更是不遗余力劝人行善。《了凡四训》一书中的《积善之方》用事例讲述了十个最基本的行善方法，如与人为善、爱敬存心、成人之美、劝人为善、敬重尊长等。

《了凡四训》的内容涵盖了儒释道三家思想的精髓，除了道德训诫的作用之外，也有利于读者对传统文化有一个整体认识，理解传统文化在激励人生方面的积极意义。

【箴言】

上思报国之恩，下思造家之福；外思济人之急，内思闲己之邪。

故志在天下国家，则善虽少而大；苟在一身，虽多亦小。

凡日用间，发一言，行一事，全不为自己起念，全是为物立则，此大人天下为公之度也。

生为人类，孰无良心？世路役役，最易没溺。凡与人相处，当方便提撕，开其迷惑。譬犹长夜大梦，而令之一觉；譬犹久陷烦恼，而拔之清凉，为惠最溥。

——袁了凡《了凡四训》

陈龙正：积德行善　忠爱至诚

【原典】

勿恋财

勤俭则岁积有余，积久渐多，宜遇大事能散，然后非治生之俗子。氓庶[1]所最重，士君子所易轻。若于此粗浅关头尚多系恋，种种嗜欲安望消除！虽正衣冠，谈仁义，不比于人数矣。

以善教

自十五六以下，志识未定，记性偏清。一善言入耳，终身不忘；一邪言入耳，亦时时动念。先入为主，年少其尤。是以长愿亲朋惠我子弟，勿述市井之事，尤戒媟秽[2]之谈。或称贤圣高踪，或陈古今治迹，无如孝弟忠信，泛不过山水图书。

（以上陈龙正《几亭全书》）

[1] 氓庶：平民百姓。
[2] 媟（xiè）秽：亵渎，侮辱。

忌浪费

居恒自念禀薄福薄，每深俭惜。又见民生日贫，风俗日奢，饮食、宴会亦一大端。士不率先，民何观法？士奢民奢，士俭民俭，自然之势。傥[1]疑饮食小节，何必斤斤；宴会粗迹，何足介介，窃以矜忽攸分，亦关学问。制事无小，制心无粗。况省我饱余，堪疗众饥，又分体圣天子轸恤[2]穷黎[3]之意者乎！

唯谨慎

意外之虞最难免，惟时时收敛则可免。能使子姓僮仆人人谨慎，则无复意外；若其未能，则虽祸出意外，究竟只意内耳。

不耽乐

凡物有兴必有废，方其盛，我竭力而营之；及其衰，他人复竭力而运之。一兴一衰之间，无不有费时伤财之害，其耗蠹[4]于人间、暴殄乎天物，有不可胜计者矣。果有山水之致者，春和秋凉，偕良朋命驾千百里内，皆可涉猎。

（以上陈龙正《家矩》）

---

[1] 傥：倘。
[2] 轸恤：深切顾念和怜悯。
[3] 穷黎：贫苦百姓。
[4] 耗蠹：耗费损害。

【家规故事】

陈龙正像

陈龙正（1585—1645），字惕龙，号几亭，明代浙江嘉善人。他是明朝东林党领袖高攀龙的门生弟子，崇祯七年（1634）进士，担任过中书舍人、国子监丞等职，不过从政时间不长，主要建树在建言和在嘉善的社会慈善活动方面。其为人忠爱至诚，操履冰洁，好善乐施，学者称其为“几亭先生”，去世后门人私谥“文法”。

陈龙正为人刚正，家教严苛，以治家教子严谨闻名，家训思想主要集中在他自己所写的《家矩》中。《家矩》主要从培养良好性格、待人接物、生活节俭、情趣高尚等几个方面着手，语言平易浅显，常人易懂。另外，陈龙正讲究理论和实践的有效结合，不仅将《家矩》作为教育子女的有效范本，还用自己的实际行动对子女的道德修养进行言传身教。

明末自然灾害频发，战争不断，致使百姓流离失所，饿殍遍野，为救济民众，稳定一方，陈龙正带头发动嘉善乡绅，积极设立义庄，通过以宗族到胥五区再到嘉善全县的“同心圆”状的辐射方式实行赈灾救济。在建设陈氏义庄的过程中，他还专门制定包含义田使用分配、对老弱病残等资助对象的发付办法、对孝子节妇的资助褒奖等共十六项约束条款的“义庄条约”。比较特别的是，为了防止在义庄运作中有人营私舞弊，他特意提出要“谨之于初”，规定义田不能由族中亲支耕种，以防止从中谋利。从中可以看出他仗义济民的纯粹之心和公正行事的磊落做派。

陈龙正不仅重视对个人家庭的教育，还积极致力于教化一方百姓、改善社会风气。他在文章中说，天下的治乱都在朝廷六部，而六部的胥吏大都是绍兴人；这些人虽在朝廷办理文案，但他们的父兄都在绍兴。他希望朋友到了绍兴任上，能够注意教化这些人的家庭，如果把胥吏的家庭教化好了，将来胥吏也会变好；胥吏变好了，天下就能治理好。从这件小事中我们可以感觉到，处江湖之远的乡绅代表陈龙正，正是想通过自己身体力行的善言善行，以及秉义守正的传世家风，来教化一方、带动一方，最终达到经世济民的目的。

【引申】

为了更好地在嘉善地区扶赈灾民，陈龙正有效借鉴他人的有益做法，成立“同善会”。同善会是赈灾济民的民间慈善组织，拥有较为完善的组织章程。嘉善同善会的成立，得益于陈龙正的积极倡导。明末国家动荡，社会不稳，嘉善同善会成立后，每遇灾荒，同善会的作用便得到体现。此时，同善会的活动几乎都由陈龙正一肩挑起，他曾先后发表了51次“讲语”，在每一次的“宣讲”中都会鼓励会员捐助，积极劝人践善，对于稳定灾荒连连的乡村社会，做出了极大贡献。后来，同善会在陈龙正的倡导下逐渐扩展为风行全国的乡村社会团体，成为中国慈善组织的重要代表之一。

陈龙正《几亭全书》书影

陈龙正一生，宦途不能说是顺利，但他所经历的丰富的社会政治活动，却完全体现了一位在王朝末期忧生伤世、矢节忠义的士绅形象。明亡后，明代最后的儒学大师刘宗周绝食而死。这消息传到陈龙正耳中，他仰天长啸，老泪纵横，叹道：“死如念翁（刘宗周），倒也干净。”遂也绝食而死，以死明志。

他的忠贞，还有他晚年在江南生活留下的相当丰富的言行录，都值得后人敬仰和学习。

【箴言】

幸为男子，贵而科第，奈何不辨第一流事以配之，顾令自负其灵贵乎？变化气质是登科第后第一事。

——陈龙正《与胡刚中书》

成人之美，非独益此一人，因以受益者若而人；成人之恶，非独害此一人，因以蒙害者若而人。君子、小人以身之余善、余恶及人，可见也；其所成之人，又以其余善、余恶及人，不可胜测也。余善、余恶不可测，故余庆、余殃不可穷。知此意，何忍不劝人为善？何敢陷人于恶？

——陈龙正《与友书》

张履祥：布衣杨园　孔门圣贤

【原典】

勤谨守法

人家不论贫富贵贱，只内外勤谨，守礼畏法，尚谦和，重廉耻，是好人家。懒惰则废业，恣肆[1]则近刑[2]，淫逸则败门户，丧身亡家，蔑不[3]由此。

身正立家

人家不论大小，总看此身起。此身正，贫贱也成个人家，富贵也成个人家，即不能大好，也站立得住。若是此身不正，贫贱固不成人家，富贵越不成人家，无论悖常逆理[4]，祸败立至，即幸而未败，种种丑恶，为人羞耻不可言矣。所以修身为急，教子孙为最重。然未有不能修身，而能教其子孙者也。

[1] 恣肆：放纵无忌。
[2] 近刑：招来刑罚。
[3] 蔑不：无不。
[4] 悖常逆理：违背常理。

名节自爱

名节不可不自爱，一日失足，孝子慈孙犹将羞之，况当人之身，何能腼然[1]视息于天地之间？真所恶有甚于死矣。行止语默，辞受取与，去就出处，生死存亡，无大小一裁乎义，而无所游移瞻顾[2]，斯为自爱之实。义即命也，不知命，不知义，枉为小人而已。

家法永传

祖、父用心果能终身不忘，先世家法苟能遵守弗失，传之久远遂成家风，子孙便易得好，好则又能及其后人矣。

（以上张履祥《训子语》）

【家规故事】

张履祥（1611—1674），字考夫，号杨园，浙江桐乡人。他是明清之际的大儒，著名的理学家、教育家、农学家，其著作被后人编订为《杨园先生全集》，包括《备忘录》《训子语》《补农书》《近鉴》《言行见闻录》等，共十六种，五十四卷。

桐乡张氏自宋、元以来即为望族，名人辈出，其中最有名的，还是张履祥。

---

[1] 腼然：厚着脸皮，不知廉耻。
[2] 游移瞻顾：有所迟疑，有所顾虑。

张履祥出生时，据说他的父亲张明俊梦见了元代大儒金履祥（1232—1303，字吉父，号仁山），于是就给他取名“履祥”，自然也就寄托了厚望。所谓无巧不成书，没想到三百多年后的张履祥与金履祥一样，也成为孔门的圣贤，都入祀于孔庙的东庑。

张明俊生性至孝，到杭州参加乡试，听说母亲生病，他还没考试就匆匆回家侍养。张履祥五岁时，父亲即授之以《孝经》，当时小小年纪的他竟然“端坐朗诵，音切皆辨”。张履祥九岁丧父，终其一生，每逢父亲忌日必定素服，不食肉，不入馆，不留客，不赴宴。

张履祥丧父之后，母亲沈氏常常教导他说：“人唯此志。孔子、孟子亦只孔、孟两家无父之子，唯有志向上，便做到大圣大贤。汝若不能读书继志，而父九原安得瞑目？”张明俊生前也曾经说：“人无父亲，固多有流落底，亦有兴起底，只要读书守本分耳。”沈氏的话大约

张履祥像

是受了丈夫的影响，但更加明确地指出了向上一路，可谓善述夫志。沈氏勤俭持家，纺绩的收入竟然使得张家的田产增加到了四十多亩，还供养两个儿子都成为县学生。崇祯十二年（1639），张履祥的哥哥张履祯补为县学生，桐乡县乡绅公举沈氏节孝，旌表门闾，桐乡县令卢国柱题赠“邹国遗风”匾额，表彰沈氏像孟子的母亲一样，教子有成。后来，张履祥历经明亡清兴之际的颠沛流离，艰苦砥砺，更是由遗民、儒者而成就为一代圣贤。

张履祥说：“父母生下我一个完完全全的人，如何以非法、非道亏损了他？思此而不发愤者，非人也。”“学者起足

桐乡杨园先生墓

第一步，须是路头不错。此处一错，无所不错。”同样是父母生养下来的完完全全的人，为什么要去做不合法规、不合道义的事情来玷污先人呢？为什么不能发愤图强来光耀先人呢？一个人起足的第一步，莫大于家教。张履祥的父母给他的第一步教育，造就其良好的生命底色。这种优良的家教，后来也都完全体现在他的《训子语》中。张履祥希望它能成为张氏家族永恒的生命底色。

张履祥曾说：“幼稚之时，必见奋起之志，若举动无恒，苟且颓惰，即将事无一济矣。”因此家庭教育要从儿童早期开始。张履祥认为，幼年是个体道德形成的关键期，也是道德教育的最佳期，他说：“少年血气未定，善者固易流于不善，不善者亦易反而之善。”也就是说人在少年时期，善与不善具有很大的可变性，此时若无良好的家教与良善者的引导，不善之习将难得改正，到成年时积习已深，不仅会影响个人的前途，而且还会影响子孙后代的道德形成。早期教育不仅是家教的起点，也是家教重点，不可以疏忽。

张履祥还主张实施严格教育。他极端反对父母溺爱子弟，认为溺爱只会使孩子是非不明，沦为不肖子弟，因此父母应“勿以幼儿而宽之”，必须自幼即实施严教。严教与否是贤与不肖子弟产生的关键，他说：“子弟童稚之年，父母师傅严者，异日多贤，宽者多至不肖。”因此，在家庭教育中，为父母的“严君之职，不可一日虚矣”。

在耕读问题上，张履祥则提出无论为农为士，均须耕读相兼，“虽肆《诗》《书》，不可不令知稼穑之事；虽秉耒耜，不可不令知《诗》《书》之义”。家庭对子弟实施的书本知识传授与稼穑教育不可偏废，不可流于虚名，耕则力耕，学则力学，须知“读而废耕，饥寒交至；耕而废读，礼义遂亡”。张履祥认为，懂得稼穑的艰难，不但有利于培养子弟勤俭的作风，而且有助于锻炼身体，促进身体健康，他说：“筋力有用也，逸则脆弱。”还指出通过农业劳动亦可培养人坚强的意志，“磨练出一副精坚强忍智力”出来，并且由于从事农业劳动是一种重要的“治生”手段，对子弟自幼进行习耕教育，也能培养他们独立生活的能力。

此外，张履祥十分重视父母自身素质的提高，认为父母提高自身素质是教育好子女的前提，是家庭教育成功的保障。他说：“修身为急，教子孙为重，然未有不能修身而能教其子孙者也。”认为父母不但要注意提高自己在道德、文化知识方面的修养，还应重视学习运用正确的教育方法，这也是教育者素质高低的一种表现。为此，有的父母教子不从时就怪罪子弟愚不可训，这是张履祥十分反对的教育态度。

【引申】

张履祥是清代人入祀孔庙的九人之一，历代以来的一百五十六人中的一个。其学风“正大”，践履“笃实”，三百多年来对浙西一带有着多方面的影响，故张履祥及其友人、后学被称为“杨园学派”。从清朝一直到民国年间，桐乡的地方士绅都在每年农历十月初一其生日时举行公祭。民国时，桐乡还专门成立由县长沈光熊等人发起的、弘扬张履祥学行的“杨园学社”，刊刻过《杨园先生年谱》《杨园菁华录》等书，炉头镇一度还

桐乡杨园先生纪念馆

曾改名为“杨园镇”。

张履祥晚年得子，担心自己不能完成教育子孙的使命，故撰写了《训子语》一书，总计十二篇，一百四十三条，两万三千多字。《训子语》一书影响后世深远，乾隆时理学名臣陈宏谋将之收入著名的《五种遗规》，此后历代的家训、家规选编也多有采用。

【箴言】

吾人立身，欲考在己之得失，借鉴于乡党；其观人取友，采听之乡党，可以鲜失。要以善者好、不善者恶为准。

读圣贤书，愚者因之以智，不肖因之以贤。学之既成，处有可传之业，出有可见之功，天爵之贵，无逾于此。所以人自爱其身，唯有读书；爱其子弟，唯有教之读书。

——张履祥《训子语》

率素履修行，耕则良农，读则良士；学古训有获，勤以养德，俭以养身。

——张履祥《辛丑元旦春联》

慈城郑氏：尊师重道　藏书传家

【原典】

立言不朽

古之人，文生于情，往往不得已而后言，而其言之也，一生精神皆于是乎在，故虽更[1]千百年之久而读其文者，犹可以论其世而想见其人。此立言一事所以居不朽之一[2]也。

（郑梁《安庸集卷二·怡庭遗集序》）

虚怀平气

文章自有定价，是非自在人心，但能不存毁誉[3]之私[4]，虚怀平气[5]，以与天下相商，人谁能不敬而信之？

（郑梁《安庸集卷二·程墨商序》）

[1] 更：经历。
[2] 不朽之一：古人认为有“三不朽”，“立言”是其中之一，另外两个是“立功”和“立德”。
[3] 毁誉：毁谤和称赞。
[4] 私：私心。
[5] 平气：平和之气。

尊长重师

秦川府君[1]，吾身所自出也，而道则兼师也。不幸而体归山陵，魂归碧落[2]，不得朝夕其侧，吾心怅焉。梨洲先生[3]，吾学所自出也，而情犹吾父也。其殁[4]也，吾昼见诸想象，夜见于梦寐，无顷刻之闲。秦川府君在日，梨洲先生至辄喜；梨洲先生之于府君亦然[5]。吾一日不见秦川府君与梨洲先生，则漠然无所向，怅怅焉失所依归。吾死，汝其建一阁，立二先生主[6]，梨洲居左，秦川府君居右，而吾则侍于其侧，岁时致祭唯谨。

（徐嵩《二老阁始末记》）

师道祖德

藏书自比遗金[7]富，师道原同祖德隆。二老额悬光万丈，南雷[8]鹳浦[9]并高风。

（倪大成《登二老阁诗》）

[1] 府君：子孙对先世的敬称，这里当指郑梁的父亲郑溱。
[2] 碧落：天空。
[3] 梨洲先生：指明末清初的大思想家黄宗羲。
[4] 殁：死。
[5] 亦然：也是这样。
[6] 主：旧时为死人立的牌位。
[7] 遗金：谓留给子孙以黄金。
[8] 南雷：指黄宗羲，其号南雷。
[9] 鹳浦：半浦古称，原属慈溪，这里代指郑氏一族。

【家规故事】

世居现在宁波慈城半浦村的半浦郑氏，原是一个望族。郑溱（1612—1697）是郑氏子弟，与明末大思想家黄宗羲同学于刘宗周门下。明亡后，他终身不复言仕，五十年不入城市，读书授徒以供奉双亲，享年八十六。身后留有《易象大旨》《三坟衍义》《诗经萃华》等著作。

郑梁，字禹梅，初号番梅，继号躅庵、寒村、半人。康熙二年（1663）登进士第，三十四岁出守高州，故世称郑高州。他是郑溱之子，善诗书，曾师从黄宗羲，深得黄氏赞赏，著有《寒村诗文集》等作品二十种。父亲去世后，郑梁因悲伤过度而致半身瘫痪。临终前，他对儿子郑性说："秦川府君，吾身所自出也，而道则兼师也。……梨洲先生，吾学所自出也，而情犹吾父也。……吾死，汝其建一阁，立二先生主，

黄宗羲像

梨洲居左，秦川府君居右，而吾则侍于其侧，岁时致祭唯谨。”郑性亦为孝子，他遵照父亲遗嘱，花了三年时间建成二层建筑“二老阁”，阁楼上层中间位置供奉黄宗羲、郑溱和郑梁栗主。此后，郑性每天起来，先正衣冠，然后带领孩子们在阁楼上焚香祭拜。这一仪式延续了几十年，甚至写进当时的县志。

二老阁上层的左右两间房贮藏黄宗羲遗书三万卷，其中包括黄氏购买的钮氏“世学堂”、祁氏“澹生堂”、钱氏“绛云楼”、徐氏“传是楼”等旧藏；楼下设柜，收藏郑氏遗书两万卷，两者共计五万余卷。在浙东地区的藏书史上，除宁波范氏天一阁外，便当推郑氏二老阁。全祖望曾为之撰《二老阁藏书记》，影响甚远。

乾隆三十八年（1773），官方修《四库全书》，二老阁进献图书一百二十一种，收目九十五种。此外，郑氏一门雕版刻书长达一百五十五年，历经六代，薪火相传不绝，期间曾促成了黄宗羲《明夷待访录》及《明儒学案》《宋元学案》（黄百家、全祖望续成）的付梓，其价值不可估量。

二老阁建成于雍正元年（1723），一度成为浙东文化中心。然自清末以来，时局动荡，二老阁多次蒙难，在经历了二百二十年的风风雨雨后，1943年被拆毁。郑氏家族藏书刻书的传统，实有大功于学林和中国文化，值得后人缅怀纪念。

【引申】

受先辈及二老阁祭拜仪式的影响，郑氏后人郑勋又新建了“二老堂”，作为追祀郑梁及朱彝尊的专堂，以示两人深厚的交谊。二老堂上颇多文人题咏，后来成为士大夫考论藏书、赋诗交流的重要场所。

中国自古有祭祀先人的习惯，但是祭祀先人的同时兼及先人师友的却不多。从这个意义上来说，二老阁和二老堂的建立，是一种比较特殊的文化现象，因而享有盛名。明清时期，郑氏家族被称为“文化世家”“文献世家”，族人中以郑梁为代表，十几代里出了二十几位以文出名的学者，可以说是做到了“世以文章显，代有专集传”。

除了文化上的贡献，郑氏家族还曾捐田造渡，造福乡人。据半浦对岸渡亭内的清代《义渡碑示》记载：半浦南首有渡口，为鄞慈往来要津。郑氏族人曾发起捐资，兴造渡船，但因经费不足，几经废弛。后在举人郑芬、郑一夔的努力下，义渡才逐渐恢复。咸丰元年（1851），郑氏打造了三艘渡船，雇船工昼夜轮流分撑，并重筑南北两岸埠头、船夫住屋和夜航引渡的天灯，以利行商往来。

如今斯人已去，阁亦无存，不过郑氏一族尊崇师长、传承学术、藏书刻书和造福乡人的佳话，必将为后人所铭记。

【箴言】

后世名臣之祀，固未有民不思其功烈而得与者也，亦未有无功烈于民而民思之者也。

——郑梁《安庸集·崇祀名宦编序》

古之王者之取士必于其乡者，人生宇宙无往不可用假，唯一乡之中，耳目甚亲，责备甚严，苟于家庭族党之间一言一动、一取一予分毫不当于理，未有肯心悦而诚服之者。是故，古今人品必以得之乡评者为最真。

——郑梁《安庸集·崇祀乡贤录》

吕留良：端庄好学　勤俭去邪

【原典】

庄重正直

傍暮课毕，庭下散步。言必循理，思而后发，不许戏谑，或以尖酸隐语[1]，或以笔墨讥笑，此最是下流轻薄儿所为，勿学也。夜饮群叙，必和必敬，饮食必自顾容仪。灯下习业，即先完者，亦且静坐沉思，反复玩味，最有益。余未寝，毋先卧也。

除讲书饮馔及午膳后小憩，夜饮前后散步款语，余时不许私相往来、聚谈嬉戏。

凡言语应对，必响亮决绝，然又不可突而声厉。拜揖须深，首不可仰，正立圆拱，疾徐中度。揖须端立缓退，毋轻躁；趋走庄重，毋跳跃颠踬[2]。坐必正直，毋跛倚。

（吕留良《梅花阁斋规》）

[1] 隐语：不直达本意而借用别的词来暗示的话，这里指冷嘲热讽。
[2] 颠踬（zhì）：跌跌撞撞地行进、奔跑。

勤勉早起

每日虽无大事，必要早起晏眠[1]。家长早起晏眠，卑幼谁敢贪懒？上人早起晏眠，下人谁敢贪懒？早起晏眠，一日抵两日。……至于勤而不俭，虽有亦立尽。子孙繁多，衣食艰难，今当事事节缩，如食不必兼味[2]，衣用细布，勿好绫罗绣缎及金珠无益之物。

（吕留良《壬子除夕谕》）

刻苦好学

自奉需刻苦，毋作高兴妄费之事及置买游戏无用之物。得少闲，即读书，细心看《大全》，温诵古今文字；有所见，即作文以发之，毋游闲过日。……遇古书为家中所无者，勿惜购买，此不与闲费为例也。

（吕留良《谕降娄帖》）

【家规故事】

吕留良（1629—1683），字庄生，一字用晦，号晚村，别号耻翁、南阳布衣等，浙江崇德（今浙江桐乡）人。明末清初杰出的学者、思想家、诗人和时文评论家、出版家。暮年为僧，名耐可，字不昧，

[1] 晏眠：早睡。
[2] 兼味：两种以上的菜肴。

号何求老人。

吕留良像

吕留良是著名思想家，同时也很注重对子弟的教育，平时就编订了各种规章，以便教育子弟，身后留有遗稿《吕晚村先生家训》五卷。1661年，吕留良谢绝了外事，携带子弟在城西自家园中的梅花阁读书。为了约束训导子弟，他专门写了要求严格的斋规，并告诫子弟在洒扫应对中造至圣人之境。1672年，吕留良读到了浦江郑义门的《郑氏规范》，心里很感叹向往，觉得这是可传于后世的家法，希望能够与自家子弟共同砥砺品格，以期望有所成就。但他认为其间规矩太细，法度太全，在仓促之间不易领会。于是他根据自己的需要，准备慢慢加以训示。又特别拈出根本大要之法四条，在除夕之时训示于子弟，以与家庭成员共勉。吕留良在临终前，也不忘训示后人，对帖子上的称呼、菜饭的准备，对祭奠者的应对等，都一一交代，以使子孙遵守毋违。

顺治八年（1651）冬，吕留良兄吕愿良在贫病饥寒中死去。由于其子宣忠早逝，吕留良遂为之操办后事。另外，吕留良兄子吕至忠，从小由吕留良抚养长大，但长大后生活作风比较放荡，时与妓女相游从。吕留良对他严加禁止，全力督促，但是他多愤懑以对，最后经过吕留良多年的教导才幡然悔悟，从此能以勤俭持家，后来亦有所作为。

【引申】

吕留良曾见过浦江郑氏家训，颇为向往，于是参照郑氏家训，也创立了自己的家训。其家训以“敬顺、无私、勤俭、去邪”为宗旨，这一是因为参考了郑氏家训，一是因为吕氏从来就有良好的家风。吕留良虽父母早逝，但是其兄亦能教育他至成人。明亡后，其兄在史可法幕府中坚持抗清。这一行为对吕留良及其侄儿吕宣忠均有重要影响，所以他们后来也加入到抗清的行列中去。吕留良虽于清顺治十年（1653）被迫改名光轮，应试得诸生，但一直与坚持抗清的张煌言等保持联系。当时吕留良受陆雯若之邀选刻时文，在此后近二十年间，他借评选时文的机会宣扬“华夷之分大于君臣之伦”，其民族气节对士人学子影响极大。后来清廷的统治日趋稳定，但是他的反清思想并未改变。因深悔失足科场，于是康熙五年（1666）浙江学使至嘉兴考核生员时，他便拒不应试，结果被革除诸生。此举震惊了社会，但吕留良却怡然自得，从此归隐崇德城郊南阳村东庄，自开天盖楼刻局，刊刻时文出售。这些都可见吕氏家风中除了“敬顺、无私、勤俭、去邪”外，还有以忠义传家的良好传统。

另外，因为吕留良本身多与名流大儒相往来，潜心研究洛闽之学，以礼持身，所以才会在家训中特别强调“敬顺”，同时对歪理邪说加以抵制。特别是在归隐后，他与张履祥、何商隐、张佩葱等相交往，专攻程朱理学，设馆授徒，身益隐而名益高。顺治八年（1651）迎理学大儒张履祥至东庄讲学，“共力发明洛闽之学”。此外，他还编辑刻印程朱遗书，“以嘉惠学者”。

吕留良去世后，弟子及曾静等人将其学说广为传播，影响深远。

【箴言】

天生民而立之君，君臣皆为生民也。

天生民而立之君，必足以济斯民，而后享斯民之养。故自天子以至于一命之奉，皆谓之天禄。

君子亦止尽其当为之事。孔明但知汉贼不两立，王业不偏安，鞠躬尽瘁，死而后已，不逆睹成败利钝，此其所以有儒者气象也。

——吕留良《吕晚村先生四书讲义》

许汝霖：从政路上清慎勤　还乡途中订家风

【原典】

宁俭毋奢

窃闻学贵治生，谊先敦本[1]，维风厉行，宁俭毋奢。

宴会省约

如宴当事，贺新婚，偶然之举，品仍十二。除此以外，俱遵五簋[2]，继以八碟。鱼、肉、鸡、鸭，随地而产者，方列于筵。燕窝、鱼翅之类，概从禁绝。桃、李、菱、藕，随时而具者，方陈于席。如此省约，何等便安！

服饰质朴

吾辈既已读书，自当毅然变俗。旧衣楚楚[3]，素履[4]可钦。

[1] 谊先敦本：谊，本义为合宜的道德、行为或道理；敦，作动词时，指崇尚、注重。意思是培养优良的德行应先注重根本。

[2] 簋（guǐ）：古代盛食器。

[3] 楚楚：指鲜明、整洁的样子。

[4] 素履：素，指白色无文彩；履，鞋也。常常引申为用朴实无华、清白自守的处事态度面对心中所向往的事物。

襆被[1]萧萧，高风足式。

嫁娶从简

若夫女家嫁赠，贫富虽殊，而荆布可风，总宜俭约。纵有厚资，不妨助以田产，资以生息，使为久远之谋。切勿多随臧获，厚饰金珠，徒炫耀于目前，致萧条于日后。至于宗亲世胄，丰俭自有尊裁，赠遗岂敢定限？但求有典有则，可法可传。则所裨于风俗固厚，所贻于儿女亦多矣。不揣葑菲[2]，敢献刍荛[3]。

（以上许汝霖《德星堂家订》）

【家规故事】

许汝霖（？—1720），字时庵，号且然，浙江海宁人，清代著名的清官。其为官三十载，履官职二十多个，特别是进入的工部、户部、礼部等都是权力很大的部门，腐败现象随处可见，稍不注意，就会失节成贪，但他官至正一品光禄大夫、礼部尚书兼理户部，都能洁身自好。比如他在视学江南时，对形形色色的利诱，正色坚拒，纤尘不染。许汝霖本人十分厌恶腐败行为，

[1] 襆（fú）被：襆，指包袱。意思是用包袱把衣服、被子等包起来。
[2] 葑（fēng）菲：葑、菲都是菜名，葑即芜菁，菲即萝卜；二者的叶、根茎均可食用。后用其表示尚有一德可取的意思。
[3] 刍荛（ráo）：指割草打柴的人。认为自己的意见很浅陋的谦虚说法。

海宁许汝霖半身像（王磊 / 摄）

五十一岁任江南学政官时，对当地学官腐败情况严厉整饬，并上书康熙力陈四条，颁布整顿士风训令、无学历者不许为教官、禁止学生吃喝送礼、禁止伪造乡会文会等，惩治贪腐作弊者，使得两江的考风大为好转。

许汝霖从小非常节俭，后来官至正一品，仍保持节俭本色。据说他当年进京赶考时，仅带一把伞，背一个铺盖，一路风餐露宿，经常被店家误当作叫花子，把铺盖扔出来。到了京城时铺盖已破烂不堪，但他依然不肯丢。后来金榜题名，高中进士，仍保存着这副铺盖。当他官至礼部尚书时，朝廷里的同僚都知道他有个宝贝铺盖，劝他扔了，但他舍不得，始终藏在家里，以示不忘本。三十年后告老还乡，旧铺盖又被他运回了海宁老家。乡民见此，盛赞其清廉俭朴，还把他的旧铺盖尊称为“许老爷的铺盖”，直到现在海宁这里还把破旧但可以用的东西称为“老爷铺盖”或“老爷货”。还有他在硖石东南湖“大墙门”的住宅也是俭朴无华。近在咫尺的隔壁李家，俗称“坍墙门”，虽然墙门已坍，房屋却粗梁壮柱，青砖厚瓦，远盖过尚书公的住宅。堂堂礼部尚书，非但不与户邻争宅地，而且住宅座向朝西，房屋建筑跟普通人家几无差别，这在历朝历代并不多见。

许汝霖不仅自身为官清正廉洁，同时还治家严谨。他制订的《德星堂家订》是约束、规范后代子孙行为的家规典范。针对当时浮华奢靡的社会风气，他提出了以节俭淳厚为本的治家原则，主张戒除攀比奢侈之风和庸俗的繁文缛节。“维风厉行，宁俭毋奢”可以说是许汝霖在家规中对子孙后代行为礼仪的基本要求。他认为内在的修养比华丽的外表更为重要，“旧衣楚楚，素履可钦”，教导家人不要羡慕那种“金貂玉鼠”的穿戴。只要行为端正、品行高尚，那么这种朴实穿戴也会展现出很好的精神风貌来。这种清白家风在现如今也更值得钦敬和传承。

康熙御赐给许汝霖的“清慎勤”匾（复制品）（王超英／摄）

【引申】

《德星堂家订》是许汝霖在告老还乡的路上所著，是他为树家风名声、训导子女、教化民众、移风易俗而著。全书共分为“序篇”“宴会篇”“衣服篇”“嫁娶篇”“凶丧篇”“安葬篇”“祭祀篇”七个部分，共二千六百一十七字，为后代子孙及族人立下了严格家规。综观全书，所提倡的核心思想如下：

一、节俭。全书从头至尾都贯穿着“节俭”思想，对吃穿用度、婚丧祭祀等各项规定中都蕴含着这一原则，可以说“节俭”是这部书最重要的思想。另外在各种重大活动的细节上也有明

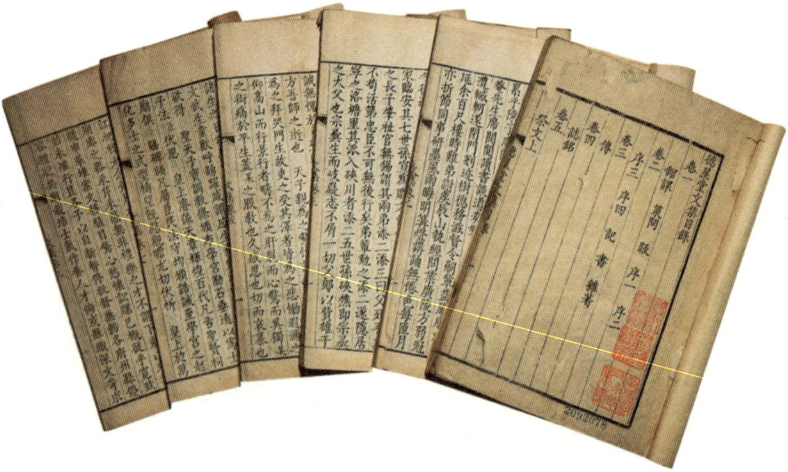

收藏于浙江图书馆的许汝霖《德星堂文集》中收录了《德星堂家订》（邹志莹／摄）

海宁许汝霖故里（王超英 / 摄）

确的节俭规定，充分体现出“俭”的思想。

二、慎独。《德星堂家订》篇篇从小事、细节上给出明确的行为规范，就是注重抓早抓小，就是“慎”的具体表现。序篇中“习而不返”的意思是坏习惯一旦形成，就难以改正，其所表达的思想也是慎重行事。日常行为，不可因恶小而为之，也不可因善小而不为。若为官，则必须清廉，行事需“慎”字当头。

三、求真。《德星堂家订》中所倡导的节俭、重孝、清廉等思想，追根溯源是对为人、处世、做官本真的追究，这种要求来自许汝霖求真务实、清廉俭朴的本性。他提出不必做形式，比如在嫁娶方面，嫁赠或丰或俭，都由当事人自己定，这也是“真”的具体表现。

四、修德。《德星堂家订》把修德放在重要位置。序篇中提到“学贵治生，谊先敦本”，意思是修学贵在可以谋取生计，好的道德行为要先抓住根本。又如“贻后嗣以廉隅，永遵世德”，意即要留给后代端方不苟的行为和品性，永远遵守世代流传的公德。

许汝霖天性至诚，平生“慷慨好施，俸禄所入，恩周三党，里人德之”，张廷玉赞他“东南孝友，推公第一”，所以他所著的《德星堂家订》便也有了更为真实的现实性。

【箴言】

酒以合欢，岂容乱德！燕以洽礼，宁事浮文？

传前人之清白，不坠家声；贻后嗣以廉隅，永遵世德。抚躬自较，所得孰多？

——许汝霖《德星堂家订》

汪辉祖：绍兴师爷　德义为范

【原典】

常存退一步想

存一进念，不论在家、在官，总无泰然之日；时时作退一步想，则无境不可历，无人不可处。天下必有不如我者，以不如我者自镜，未有心不平、气不和者。心平气和，君子之所由坦荡荡也。

贵慎小节

着新衣者，恐有污染，时时爱护；一经垢玷，便不甚惜；至于浣[1]亦留痕，则听其敝矣。儒者，凛凛[2]清操，无敢试以不肖之事，稍不自谨，辄为人所持，其势必至于逾闲败检[3]。故自爱之士，不可有一毫自玷，当于小节先加严慎。

[1] 浣：洗。
[2] 凛凛：令人敬畏的样子。
[3] 逾闲败检：指行为不规矩，不守礼法。

欲不可纵

纵欲败度，立身之大患，当于起手处力防其渐。凡声、色、货、利，可以启骄奢淫佚之弊者，其端断不可开。

信不可失

以身涉世，莫要于信。此事非可袭取，一事失信，便无事不使人疑。果能事事取信于人，即偶有错误，人亦谅之。吾无他长，惟不敢作诳语。生平所历，愆尤[1]不少，然宗族姻党，仕宦交游，幸免龃龉[2]，皆曰某不失信也。古云：“言语虚花，到老终无结果。”如之何弗惧！

（以上汪辉祖《双节堂庸训》）

【家规故事】

汪辉祖（1730—1807），字焕曾，号龙庄，浙江萧山（今属浙江杭州）人，生活于清朝乾、嘉时期。童年时，祖父汪之瀚对他管教很严，每次看戏，都会带上他，归来后就问所演角色的姓名、贤否。如果汪辉祖应对无误，祖父就会奖励他一些小点心。因为祖父和父母亲从小就对他进行传统的道德教育，潜移默化，养成了他刚正不阿、洁身自好的品德。

[1] 愆（qiān）尤：罪过。
[2] 龃龉（jǔyǔ）：上下牙齿对不齐。比喻意见不合，互相抵触。

二十岁开始，汪辉祖在江苏、浙江地方衙门当师爷，前后长达三十四年。他作为刑名师爷，断案神速，多为百姓着想，颇得人心。同时，他精明干练，好学不懈，善于总结，加上秉性刚直，洁身自好，在当时政坛声誉很高，是颇受尊重的名幕，是位名副其实的“绍兴师爷”。

乾隆中期，东南沿海各省发现了很多“宽永钱”。清廷怀疑有人私铸，下令严查。此案重大，而且朝廷限三个月上报结果。江、浙、闽三省总督、巡抚查来查去竟无结果。闽浙总督尹继善、江苏巡抚庄有恭等十分着急，便委派汪辉祖接办此案。汪凭着渊博的学识和丰富的经验阅历，深入乡村城镇，实地调查研究，

萧山汪辉祖故居现貌（许良／摄）

发现此“宽永钱”与国内流通的钱币有所不同，并通过《宽永三年序》（日本古代书名）和徐葆光《中山传记录》中的记载“市上行使宽永通宝钱”，说明此种钱币乃东洋倭寇所铸，由商船带入，混入中国货币同时使用，并非国人私铸。朝廷深感满意，宽永钱一案就此了结，避免了一场冤案。可见汪辉祖“绍兴师爷第一人”的名号果然名不虚传。

“不唯阿以附势，固穷厉志，守义不移”，这是汪辉祖坚持的原则。“义”字当头，他会不惜冒风险为民请命。乾隆四十年（1775），汪辉祖得中进士，五十二年任湖南宁远知县。当时规定宁远百姓须吃淮盐，而淮盐的价格比粤盐高出八倍，因此宁远百姓私下选择食用粤盐。不过粤盐在宁远属于私盐，买卖粤盐是违犯禁令的事，于是官府派人侦捕，以致“人情惶忧”。作为一县之主的汪辉祖得知此事后，深感为百姓处理疾苦乃首要任务。他身穿便服，到百姓中诚恳听取他们的意见，再从百姓的意愿出发，制定了妥善方案。后来，汪辉祖公布文告，允许宁远零售粤盐，但一次不超过十斤。当时的湖南总督毕沅得知此事，大加赞赏，认为汪辉祖性情耿直，说得有理，并“立弛零盐禁”。汪辉祖由此也深得民心。

【引申】

“楼观沧海日，门对浙江潮”，位于钱塘江南岸的萧山，潮涨潮落，塌江决堤，地瘠物乏，这样的生存环境赋予了历代萧山人善于外出谋生的天性，也造就了一代名幕汪辉祖。

幕府制度是中国历史上影响深远的用人制度。古代将帅出征，以“帐篷”（幕）为办公、生活的场所，这种“官衙”就是所谓的幕府，而在幕府里协助主帅工作的人员，就称为“幕僚”。以后相沿成习，幕府成了各级军政官署的代称。而所谓幕僚者，乃是统称，根据不同的工作性质、所起的作用，又可细分为“幕

萧山汪辉祖故居一角（许良／摄）

僚”“幕宾”“幕友”。称幕僚为“师爷”，是一种比较尊敬的称呼。师爷的工作，既要为主政官员出谋划策、参与机要，又要起草文稿、代拟奏疏；既处理案卷、裁行批复，又要奉命出使，联络官场，工作面广、量多、权重。为什么在师爷前冠以“绍兴”二字呢？一方面是为了区别不同地区的师爷，更重要的是，清代师爷中以绍兴籍最多，足迹遍布全国地方衙门，故有“无绍不成衙”之说。“绍兴师爷”成了清代幕友的代名词。

长期的官场生涯使汪辉祖对社会生活的悲欢离合、人情冷暖深有体会。暮年时为教育子孙，他撰写了《双节堂庸训》，共六卷，计二百一十九条。该家训堪称家训中的名篇，对后世影响深远。汪辉祖谦称“庸人庸言”，然而，正因其“庸”，在平凡中揭示了人性的真谛，于当时乃至现在，针对性和实用性才更强。他谈论持身涉世之道，语言精练，朴实无华，揭示事理层层推导，逻辑性强。这部家训以古典哲学范畴为立论根基，注重从经典中寻求做人的依据，特别是儒家经典著作和谚语常常用作论据，同时也成为经典诠释的一种重要类型。如“人生自少至壮，罕有全履泰境者，惟耐得挫磨，方成豪杰”，“以身涉世，莫要于信。此事非可袭取，一事失信，便无事不使人疑”，等等，皆深具哲理，启人沉思。

【箴言】

职无论大小，位无论崇卑，各有本分。当为之事，少不循分即干功令。凡用人、理财、事上、接下，时存敬畏之心，庶几身名并泰。

幸而宦成归里，当以谨身立行，矜式乡党。一切公事不宜干预，地方官长无相往还。遇有知交故旧，更宜引嫌避谢，稍可指摘，即为后进揶揄。

恃势逞力，必有过分之事，损福取祸，万万不可。有太阳时须算到阴云霖雨，有水时须算到河流浅涸，自不敢恣所欲为。

——汪辉祖《双节堂庸训》

象山潘氏：乐善好施　造福四方

【原典】

美行赐福

尔祖[1]躬自刻苦，造立基址，积聚成家，三十余年，才娶尔祖母史氏。尔祖母性俭约，能操作，早起夜息，与尔祖赤手成家，里中人称为女中丈夫。至康熙五十九年，始得育我。我少多疾厄，尔祖尝自言曰："为善必有后，天岂独靳[2]耶？"自是以来，乐施设赈[3]义仓，美行载诸邑乘[4]，故天锡[5]之以福。

独承家政

盖自十二就傅，十七登名太学，尔祖旋[6]以家政付我。当

[1] 尔祖：指潘必琮的父亲潘忠玺。
[2] 靳：吝惜，不肯给予。
[3] 赈：救济。
[4] 邑乘：县志，地方志。
[5] 锡：通"赐"，给予，赐给。
[6] 旋：随即。

是时，影只形单，少佽助[1]，内外倥偬[2]，诸凡[3]高下，独自担承，履薄临深[4]，当恐析薪不克负荷[5]。

孝悌为先

尔曹当念创业维艰，守成不易。一言一动，辄求自全。家庭内孝弟为先，盖奉事父母，只有歉处。尔辈宜识此意。兄友弟恭，有事则相商，则咨禀而后行。毋执拗推阻，毋以劳逸相诋谤，毋以琐细生不平。

（以上《潘必琮遗训》）

【家规故事】

潘氏为象山望族。其中象山黄埠潘氏的第一代祖宗，是元末驻守福建福州的武将潘均耀。后人中，潘必金曾为四品按察知政；潘必錁则为名中医，在京师行医时，因医道高明，人称“潘一帖”；另外亦多名士和善士。潘氏一族尤为人称道的是其历代奉行的“乐善好施”家风。

---

[1] 佽（cì）助：帮助。
[2] 倥偬：困苦窘迫。
[3] 诸凡：所有，一切。
[4] 履薄临深：比喻身处险境，必须十分谨慎。《诗经·小雅·小旻》：“战战兢兢，如临深渊，如履薄冰。”
[5] 析薪不克负荷：析薪，意为继承父业。不克负荷，意为不能承担。《左传·昭公七年》：“古人有言曰：其父析薪，其子弗克负荷。施（丰施）将惧不能任其先人之禄。”

潘必琮（1720—1766），年十七登太学，因父亲年高，开始承担起主持家政的重任。他事母至孝，遇到灾荒时，在赈灾方面多有善举。其子孙亦学有所成，如孙子潘定楷，曾任江西宜春县令，为官期间遵循祖训，勤政为民，为当地士人、民众称颂，得赠“清静廉明”匾额。

潘氏另一支中有潘显金（1782—1851），号森山，国学生，敕授儒林郎，世代耕读传家。道光二十六年（1846）遇大饥荒，村邻生活艰难，潘显金目睹惨状，毅然赈灾散米，使村邻安然度过荒年，后获赠“乐善风高”匾额一块。为鼓励族人

象山黄埠潘氏古建筑三三堂

【箴言】

见善如不及，避恶若探汤。

若夫读书明理，为圣为贤，何不可学。每见当世名公巨卿，文人端士，事业光昭，闻望煊烂，莫不从笃志潜修而成，虚声标榜无益也。

——《潘必琮遗训》

定海黄氏：实事求是　莫作调人

【原典】

顺和待人

汝读书论古，及处世事、待交游，毋矜才[1]，毋使气，毋溢怒，毋揭人之非，毋显人之短。谦而让，乃克有成。

（黄式三母亲裘氏教子语，见《翁州紫微庄墩头黄氏谱》）

治心为本

读经而不治心，犹将百万之兵而自乱之。

（黄式三《畏轩记》）

读书求是

天假[2]我一日，即读一日之书，而求其是。

（黄式三《求是室记》）

---

[1] 矜才：以才能自负。
[2] 假：给予。

实事求是，莫作调人[1]。

（黄以周自创格言，见胡适《几个反理学的思想家》）

谦诚待人

明经公之持己也，不立异以为高，亦不徇人[2]而少贬，而其与人也，则一出之以诚意。与长老接，恭而顺；与后生小子语，曲而详；与有道君子相切[3]，虚怀若谷，一空其所有，乐取诸人以为善。宗族僚友间或以事相询，或以学相问，莫不各惬其情而去。薰其德而善良者，不可胜数。

（黄以周《先考明经公言行略》）

【家规故事】

舟山定海黄氏家族世以诗礼传家，素有书香门第之称。“祖孙三代皆经师”，指的便是黄氏家族中的黄式三与其弟黄式颖，其子黄以周与其侄黄以恭，及其孙黄家岱。此外，黄式三孙辈中的黄家辰、黄家鶱、黄家骥、黄家榖，以及侄孙辈的黄家棆、黄家棂、黄家桥等也治经学。黄家四代中有十五人业儒，可谓人才济济，是典型的学术家族。其中黄式三、黄以周和黄以恭

[1] 调人：调解纠纷的人，这里指专好和稀泥的和事佬。
[2] 徇人：依从他人，曲从他人。
[3] 切：切磋。

黄式三、黄以周父子像

更是被列入《清史·儒林传》，可见黄家一门三代治学的成绩世所公认。

民国时，曾任大总统的徐世昌主编的《清儒学案》中称：“东南称经师者，必曰黄氏盛矣。”清代有很多学术家族，但大都是政治势力与学术相结合的产物，学术与政治联姻，学术素养促成得到政治地位，而政治地位又扩大其学术声誉，甚至于政治地位发挥了主要的作用。像定海黄氏这样纯学术型、靠学术闻名的家族，实属罕见，而究其原因，关键便在于黄家的家风。

黄式三、黄以周父子是定海黄氏家族的杰出代表。黄式三（1789—1862），字薇香，号儆居，道光十二年（1832）岁贡生。其族伯祖黄灏，曾以家学授徒于杭州；祖父黄必悌、伯父黄兴楚都是乡饮介宾；父亲黄兴梧是其启蒙老师；母亲裘氏，见识过人，告诫儿子“读书论古，及处世事、待交游，毋矜才，毋使气，毋溢怒，毋揭人之非，毋显人之短。而谦而让，乃克有成”。在这种家族氛围的影响下，黄式三于学无所不窥，博综群经，并包六艺，而且治学反对门户之见，其所著《复礼说》《崇礼说》

《约礼说》皆精核绝伦，不涉空浮，得到学者好评。三十四岁后，因未能为病逝的母亲尽孝道，黄式三遂放弃功名追求，居住在乡村僻野，读书为业，坚持“天假我一日，即读一日之书，而求其是”的信念，“不揣固陋，搜讨各书”，以求是为准绳，取诸儒之长，把汉儒的研究名物、训诂和宋儒的阐释经书义理很好地结合了起来。

除了自己好学不倦，黄式三也非常重视家族的学风养成和学问传承。他曾亲自编就《黄氏塾课》，以为族中子弟学习的读本，临终时又遗言儿子黄以周“谨守祖训，弗坠家学”。

黄以周（1828—1899），字元同，号儆季，又号哉生，自幼承训家学，与其兄儆孟、儆仲共读，互相砥砺切磋。他孜孜求学，声名远播。光绪五年（1879），宁波知府宗源瀚筹建辨志精舍，力邀黄以周“定其名义规制，而专课经学，著录弟子千余人”。光绪十年（1884）起，黄以周出任南菁书院院长，并主讲达十五年之久，江南不少学者出其门下。黄以周学识渊博，著作等身，其《礼书通故》被国学大师梁启超称为“集清代礼学之大成”，使清代礼学思想作为一种学术形态，至晚清而得圆满总结。

【引申】

《胡适口述自传》中曾提到近代著名思想家、政治家、教育家吴稚晖的一件事：“吴先生曾就读于江苏南菁书院。当吴氏第一次拜谒该院山长名儒黄以周先生时，他看到黄先生书斋上挂着一大幅使他难忘的格言：‘实事求是，莫作调人！’这句格言如译成英语或白话，那就是‘寻找真理，绝不含糊’！这些也都说明了我国十九世纪一些高等学府里的治学精神。”而据吴稚晖本人回忆：“‘莫作调人’之句，为黄山长自创，最为精警之语，自古以来，从未有人说过。由是衷心感动，终身奉为圭臬。”

这也算是黄氏家风流泽甚广的又一实例吧。

【箴言】

尔不慎独，过恶何讳？恶集于身，尔虽自畏；过生于心，尔先自愤。十目视尔，十手指尔。尔不密察于几之初起，神人共排挤尔。

正士异己，尔乃嘉之；邪人同己，尔乃麾之。嘉之毋阿，麾之毋呵。喜怒失节，非中非和。

——黄式三《续韩子五箴》

孙锵鸣：国为家先　隐忍勉学

【原典】

耕读修身

我父尝集《四书》语为联，置诸座右，曰：“但愿润身不润屋；虽无恒产有恒心。”盖穷约时以之自励也。今我兄弟三人，皆有屋数十楹，足以庇风雨矣；有田几千亩，足以供馆粥[1]矣。则所以治其身心者，益宜加勉。富贵何常之有，我子孙苟能守此二语，奉持勿失，必不至辱行败名，以为祖宗羞矣。

国为家先

丁未，兄来会试，余恐兄之因余回避，先期请于兄，将告暂假。兄曰：“汝初次考差，外差既两失矣，得一分校，搜索一二好门生，胜吾自得多矣！吾乡举如此之艰，即入场能必获乎？汝不必过为我计也！”及同考报至，余深悔负兄，兄笑曰：“此不过迟

[1] 馆（zhān）粥：稠粥。

我一科，弟毋介意。”及余出闱，兄遂南旋。

隐忍勉学

返故居后，族中有丁多而悍者，以吾家三世单传，往往肆其欺凌。我大父故宽柔，辄闭户隐忍不与校，其人卒愧赧[1]而去，乡人以是服其厚德大度。余兄弟连得科第，来贺者皆曰：“汝大父宜有是。”此皆先世之懿德纯行，所以留荫我后人者，我子孙不可忘也。

（以上孙锵鸣《家训随笔》）

【家规故事】

孙锵鸣（1817—1901），字韶甫，号渠田，又号止园，晚号止庵。清代浙江瑞安人，孙衣言之弟。

孙锵鸣的父亲出身邑庠生，年少时经常参与雅士的文酒之宴，唱和赠答。后来家道中落，孙父放弃学业，也谢绝了一些交游，每日务农，早起晚归，忙于养家糊口，家中大小事情皆亲力亲为。他把“但愿润身不润屋；虽无恒产有恒心”的对联挂在厅堂内，激励子孙修身须有恒心。孙母也没有婢仆从事劳役，自己日常辛勤耕织，努力协助丈夫理家。孙锵鸣这代殷实的家底是由其

[1] 赧（nǎn）：因羞惭而脸红。

父母互敬互爱互助共同缔造的。

孙锵鸣像

孙锵鸣比其兄孙衣言早九年中进士，孙衣言还在参加科举考试时，孙锵鸣已在朝为官。1847 年，孙锵鸣担任清朝丁未科第十一房同考官分校礼闱（会试阅卷），其兄孙衣言也参加会试。按照清代科举亲属回避制度，两者中必须有一人实行回避。孙锵鸣怕兄长失去会试机会，就想告假不当考官；孙衣言却恐弟弟失去担任同考官的机会，耽误其为国取士，遂选择退出，回了故乡。孙锵鸣在此次担任同考官的会试中选拔了十多名门生，其中就有后来的洋务派大臣李鸿章和两江总督沈葆桢。

孙锵鸣祖父当年在居地生活时常受族人欺凌，《家训随笔》中写他“辄闭户隐忍不与校”，最后族人惭愧而退。孙氏两兄弟相继考中科举后，乡里祝贺者络绎不绝。从受侮到受人尊敬，孙锵鸣认为这是先祖德荫后人，告诫“我子孙不可忘也”。

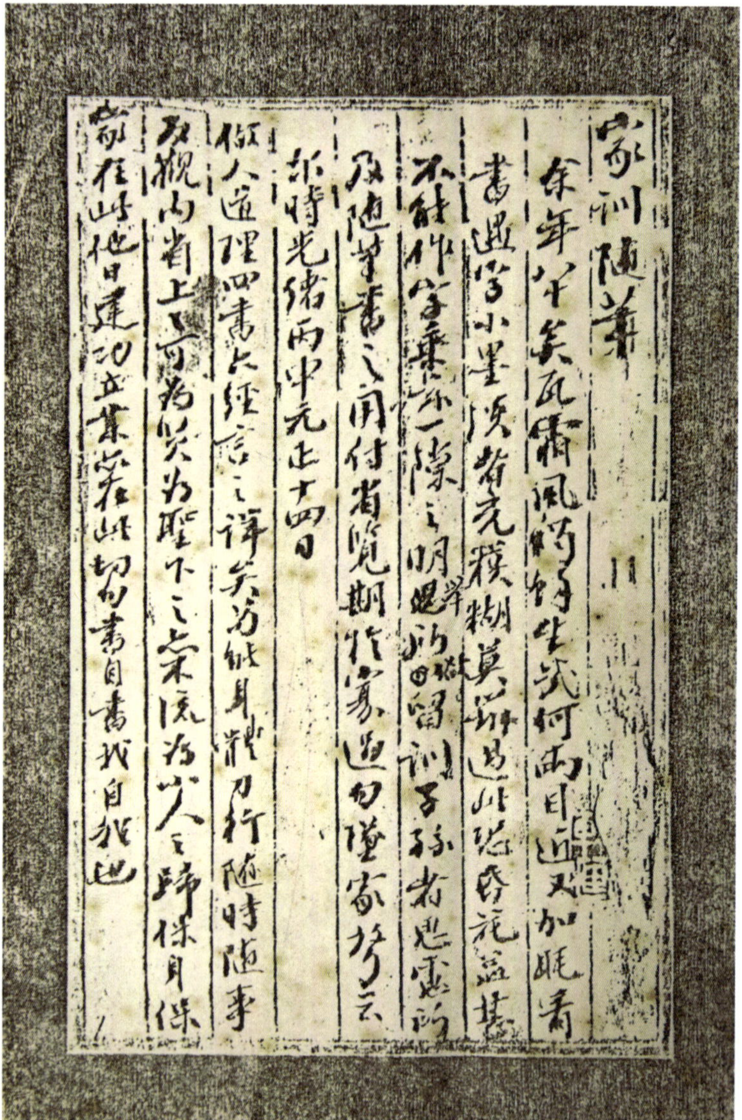

孙锵鸣《家训随笔》手稿（吴小淮 / 摄）

【引申】

清晚期瑞安孙锵鸣一族，恪守儒家道德规范，重视永嘉事功之学并以此修身治家，族中多名士、官吏，特别是清代以降，家风崇文重教，子孙多注重学术研究和文学修养。

作为晚清风云人物，孙锵鸣驰骋官场二十余年，达到过政治生涯顶峰也经历过罢官的人生低谷，对立身处世和持家治业之道自有一番深刻见解。耄耋之年的孙锵鸣，双目已不能清楚视物，但他趁着自己还有一线光明之际，留训言给后代观览，希望子孙“期于寡过”，不要毁坏家族世传的声名美誉。在清光绪二十二年（1896）农历正月十四，孙锵鸣过完八十大寿的第八天开始，他从耕读修身、兄友弟恭、夫妻敬爱、国为家先、隐忍勉学等角度，提笔为文，每日撰写一小节，连续五天写完约三千四百字的《家训随笔》。全文行书，字体端庄遒劲，成为孙氏子孙世代相传的法宝，也是温州历史上最有影响力、最具代表性且内容完整的士大夫家训。

从孙锵鸣的《家训随笔》中可以看出孙氏家族家风之严谨。这份《家训随笔》用词精练、朴实，一一赞颂本族历代祖先的品行，似与子孙谈心，却无时不暗含着劝导的意味，是一份带有激励与劝诫的总结性家训。

瑞安孙氏故居（吴小淮/摄）

【箴言】

精忠大节，照耀霄壤者，虽天性固然，亦其学有以充之也。

——孙锵鸣《宝香书院碑记》

世之言人材者，曰有为有守。夫有为，经济之士也；有守，气节之士也，诚国家之急需也。

——孙锵鸣《应诏陈言疏》

德清俞氏：斯文一脉　累代相传

【原典】

乐观之心

花落春仍在。

（俞樾复试诗句）

不忘知遇之恩

自唯樗栎之材[1]，得附门墙之末，大惧草零木落，有伤知人之明，是以竭荧烛[2]之末光，效缈帛之微力，夜以继日，粗有成书。

（俞樾《上曾涤生[3]爵相》）

[1] 樗（chū）栎之材：樗和栎是两种树名，古人认为这两种树的质地不好，不能成材，后以"樗栎"喻才能低下，多用为自谦之辞。
[2] 荧烛：微弱的烛光。
[3] 曾涤生：即曾国藩，涤生是他的号。

自谦

蓬山乍到，风行仍回，符落花之谶[1]矣。然穷途著述已及百卷，倘有一字流传，或亦可云“春在”乎。

（俞樾致曾国藩书）

书香一脉

老夫半世浮沉，读书数万卷，藏书数千卷，著书数百卷；小孙[2]几度侥幸，乡试第一名，会试第二名，殿试第三名。

（俞樾题俞园对联）

著书为人两不愧

生无补于时，死无关乎数[3]，辛辛苦苦，著二百五十余卷书，流播四方，是亦足矣；仰不愧于天，俯不怍[4]于人，浩浩汤汤[5]，数半生三十多年事，放怀一笑，吾其归欤！

（俞樾自撰挽联）

【家规故事】

俞樾（1821—1907），字荫甫，号曲园，清代浙江德清人，

[1] 谶（chèn）：指将要应验的预言、预兆。
[2] 小孙：指俞樾的孙子俞陛云。
[3] 数：命运，天命。
[4] 怍：惭愧。
[5] 汤汤（shāngshāng）：水流大而急。

杭州俞曲园纪念馆内俞樾油画像

著名经学家、文学家、古文字学家、书法家和教育家，享年八十有六。

道光三十年（1850）春，三十岁的俞樾与兄长一起进京赴试。在保和殿复试时，诗题为“淡烟疏雨落花天”，而俞樾的试诗中有“花落春仍在”句，为当时礼部侍郎充阅卷官的曾国藩所激赏，认为“此与小宋《落花》诗意相似”，意即咏落花而无衰飒之意，“名位未可量也”，因而置为第一。为纪念此事，俞樾后以“春在”名其堂。最终俞樾殿试中第十九名进士，授翰林院庶吉士，之后又任翰林编修、国史馆协修、河南学政等职。不过俞樾任河南学政时，因出考题不慎，被御史弹劾，仕途骤止。罢官后，俞樾侨居苏州，致力于讲学和学术。据传当时慕名负笈而来者接踵其门，号称“门秀三千”，其中不乏戴望、朱一新、章太炎、吴昌硕、施新华等佼佼者，对后世特别是对江浙地区的学术影响很大。俞樾一生笔耕不辍，身后留下近五百卷的学术巨著《春在堂全书》，其中《群经平议》《诸子平议》《古书疑义举例》尤为著名。

俞陛云（1868—1950），字阶青，曲园老人之孙，因父亲身体不好，从小交由祖父母抚养。为教育孙子，曲园老人亲自编定《曲园课孙草》一书，以之作为启蒙教材。书中篇目有“在亲民”“学而时习之”“而慎于言”“有朋自远方来”“敏于事”“吾十有五”等，可见良苦用心。光绪二十四年（1898），俞陛云不负祖父教诲，在参加殿试后以一甲三名赐探花及第，授编修。俞陛云有词集《乐静词》传世，其词从字句到意境皆婉约风格，如《浣溪沙》一词：“风皱柔怀水不如，碧城消息近来疏，嫩凉人意倦妆梳。锦幄明灯鸳鸯梦，文梁斜日燕窥书，瞢腾浑不信当初。”后来，为教孙儿、孙女学旧诗，俞陛云也跟祖父一样，亲自编写了《诗境浅说》甲编、乙编两种，分别讲五七言律诗和五七言绝句。

俞平伯（1900—1990），原名俞铭衡，字平伯，现当代著

德清俞平伯纪念馆内俞平伯像

名的古典文学研究专家、红学家，其父正是俞陛云先生。有一张传世照片的内容是俞平伯在细看一本书，书的扉页上清晰可见“曲园课孙草”几个字，照片后题“此照联接寒舍四代人”。曾祖父写的书，作为大学者的曾孙拿在手上细读——对于一个家族来说，这该是多么值得骄傲的文化传承啊！

【引申】

德清俞氏是中国近现代史上著名的文化世家，名人辈出，所取得的学术成就令人叹服。对于一个家族来说，比起财富的传承，文化的传承相对更为艰难，因为财富的继承不需要后人一点一滴重新累积，而要继承前代的学术思想并有所创新，则必须从头开始，从无到有，需要教育上的格外付出。从曲园老人编《曲园课孙草》到俞陛云先生编《诗境浅说》，可以看出俞氏家族对于下一代启蒙教育的重视，而这种重视也最终收获了丰硕的果实。

章式之老先生曾感慨地说，读到《诗境浅说》就很自然地

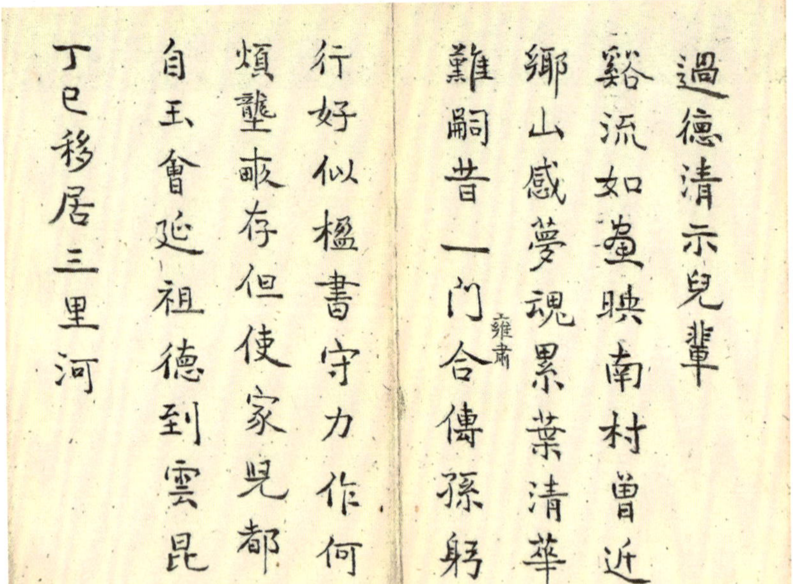
過德清示兒輩
谿流如畫映南村曾近
鄉山感夢魂累葉清華
難嗣昔一门（雍肅）合傳孫躬
行好似楹書守力作何
煩壟畝存但使家兒都
自玉會延祖德到雲昆
丁巳移居三里河

俞平伯所撰《过德清示儿辈》诗稿

杭州俞曲园纪念馆

想到当年的《曲园课孙草》，真是斯文一脉，累代相传，不但未坠家风，更重要的是几代人都在学术上有所成就，都为继承和发扬民族的文化做出了贡献，真是很不容易的。

诚哉斯言！

【箴言】

听讼吾犹人，纵到此平反，已苦下情迟上达；举头天不远，愿大家猛醒，莫将私意入公门。

——俞樾所题对联

读律即读书，愿凡事从天理讲求，勿以聪明矜独见；在官如在客，念平生所私心向往，肯将温饱负初衷？

——俞樾题江苏臬署大门对联

日有明年之日，年非今日之年，吾祖南庄府君是以垂惜日之训，后人宜敬体此意；事或入世之事，心仍出世之心，先舅平泉老人用此为处世之方，小子窃有味其言。

——俞樾自题春在堂联

徐定超：爱国爱民　崇德修身

【原典】

勤劳崇德

庄敬日以强[1]，服劳本天职。安肆日以偷[2]，在床但燕息[3]。

人禽争几何，舜跖[4]分劳逸。劳者善心生，逸者独饱食。

爱汝必劳汝，非好为呵责。昔贤轻权利，以喜言生殖。

渊明好读书，子荆[5]善在室。半缕知艰难，一钱不轻掷。

懿行[6]必躬行，嘉言勤抄摘。日引而月长，豁然增知识。

取友必以端，崇德必努力。尺璧不足珍，分阴良可惜。

[1] 庄敬日以强：庄重恭敬则一天天强大起来。
[2] 安肆日以偷：安逸放纵则一天天苟且偷生。
[3] 燕息：安息。
[4] 舜跖（zhí）：虞舜和盗跖的并称，舜是传说中上古贤明的君王，跖则是传说中古代的大盗，此处借指圣人和恶人。
[5] 子荆：卫国大夫，字南楚，卫献公的儿子，孔子称赞他善于居家理财。
[6] 懿（yì）行：美好的德行。

闭户求放心，开卷庶有益。臧谷虽亡羊[1]，补牢犹可及。

（以上徐定超《戒训子孙歌》）

据理直言

班侯（徐定超）性伉爽[2]，能面斥人过，而人不以为非。白首郎潜[3]，绝迹权贵。及官谏垣[4]，疏陈时政，皆言其大者。

（徐世昌辑《晚晴簃诗汇》）

【家规故事】

徐定超（1845—1918），字班侯，浙江永嘉人，清光绪九年（1883）进士。其为官清正、廉洁、勤俭、谨慎，有一定的维新思想和改革要求，曾向清廷疏陈时政得失利弊数十条。他曾出任京畿道掌印御史，刚直不阿，弹劾了莫锡纶、张嘉年、段芝贵等数十位高官，名震京师。他的老师黄体芳（兵部左侍郎、都察院右副都御史）赞赏他“性慷爽，意所可否，质言无回”。

1900 年，慈禧太后秘诏义和团进京“扶清灭洋”，义和团进京后烧教堂、杀教士、围攻外国公使衙门。徐定超上疏痛陈，

---

［1］臧（zāng）谷虽亡羊：典出《庄子·骈拇》，臧、谷二人牧羊，臧拿着竹简在读书，谷在和别人掷骰子游戏，结果都把羊丢了。

［2］伉爽：慷慨爽直。

［3］郎潜：汉颜驷自文帝时为郎，历景帝至武帝，驷已庞眉皓发，三世不遇，老于郎署，见《汉武故事》。后以“郎潜”谓老于郎署，喻为官久不升迁。

［4］谏垣：指谏官官署。

指出杀传教士和外国公使，表面上看着痛快，但必然招来严重的后果，力请严令禁止，但他的上疏未被允准。果然，八国联军以此为借口打进了北京城，致使生灵涂炭、民不聊生。徐定超组织一些留在京城的官员，编成团练站岗放哨，巡逻街市，维持治安，表现了他爱国爱民的满腔热情。

1912 年 8 月中旬，温州遭遇特大洪水，连日的台风暴雨使当地百姓流离失所，灾民数万，瓯江中浮尸数千。徐定超和三子象先、内侄象严于温州东郊设立救生局，抢救江心水中的难民，募款救灾，散尽家财，用以安顿灾民。

永嘉徐定超故居

1913年，徐定超三子象先当选为民国众议院议员，参加了立宪，但袁世凯下令解散国会，停止参众两院议员职务。袁世凯这一行为受到徐定超父子等一众正义之士的声讨：“议员可散，而国会不可无。今非法解散国会，是破坏约法也。”袁世凯以定超长子象藩免试知事分发江西、三子象先免试知事分发江苏相利诱，被徐定超慨然拒绝，他让两子抵制官职的诱惑，明辨是非曲直，为民请命，成为讨袁的先锋。

1918年1月5日，徐定超携夫人一行五人乘普济轮从上海返回温州，途中普济轮与新丰轮相撞。徐定超在轮船将沉没时，

永嘉御史祠全景

态度从容，组织民众逃离受损的轮船，要求船员先行救助妇孺。最终，徐定超夫妇一行五人俱罹难。温州市民在江心屿为他树立了徐公纪念碑，并在他的家乡枫林镇建了御史祠，以示纪念。

【引申】

徐定超一生爱国爱民。中日甲午战争时期，他力陈主战，抵制卖国行径，反对与日本议和。武昌起义后，徐定超顺应时代潮流，以六十七岁高龄出任民国温州军政分府首任都督，除暴扶弱，杀积匪王岩昌；救灾济困，平抑市场米价。因政绩显赫，他被地方百姓称为“生佛”。

徐定超家教甚严，在给子女的信中，鼓励他们要“多学历史、地理、技术等经世有用之业”，并告诉他们，自己“不患儿等不能为官，唯患儿等不能为人”。他还撰写《戒训子孙歌》，要求后辈子孙“取友必以端，崇德必努力”，意思是交友一定要品行端正，以高尚的情操作为为人处世的标准。他的三个儿子饱读诗书，在事业上也皆有所建树，而《戒训子孙歌》正是徐定超对三个从政的儿子提出的要求：交友要坚持一定的政治标准和道德标杆，特别是与地方士绅打交道时一定要掌握分寸，把握从政底线，千万不能有利益交往。《戒训子孙歌》作为永嘉枫林的徐氏家规，一直勉励着后人，至今仍有积极意义。

永嘉御史祠正门

永嘉御史祠正厅

【箴言】

人才之壅滞，非独其一人之升沉有密切之关系也，即政治之的是，国家之理乱，莫不因之而有影响焉。

——徐定超《更定官制办法十条折》

御史楼台高百尺；谏官祠宇壮千秋。

——蔡元培题徐定超纪念祠对联

章太炎：立身为贵　朴实治学

【原典】

立身

凡人总以立身为贵，学问尚是其次，不得因富贵而骄矜，因贫困而屈节。其或出洋游学，但有资本者皆可为之，何足矜异[1]，若因此养成傲诞[2]，非吾子也。入官尤须清慎[3]。若异族入主，务须洁身。

读书

余所有书籍，虽未精美，亦略足备用，其中明版书十余部，且弗轻视，两男能读则读之，不能读，亦不可任其蠹[4]坏，当知此在今日，不过值数千金，待子孙欲得是书，虽挥斥万金而

[1] 矜异：夸耀与众不同。
[2] 傲诞：骄傲放诞。
[3] 清慎：清廉谨慎。
[4] 蠹（dù）：蛀蚀。

不足矣。

（以上章太炎《遗嘱》）

【家规故事】

章太炎（1869—1936），原名学乘，后改名炳麟，字枚叔，号太炎，世人常称之为“太炎先生”。章太炎出生于浙江余杭，是我国近代著名的革命家和学问家，性情落拓不羁，蔑视权贵，学问为一代大师。

清末革命变革之潮风起云涌，章太炎即是其中之先行者，在《驳康有为论革命书》中，他更是直呼光绪皇帝“载湉小丑，不辨菽麦”。苏报案发，章太炎被清廷逮捕并予审讯。对

章太炎故居展厅内章太炎像

于法庭上控方指责他触犯清帝圣讳一事，他说：“我只知清帝乃满人，不知所谓‘圣讳’。而且按照西方的法律，人们是不避讳的，所以我直接写‘载湉’，没有什么不对。再说，从字的意思来讲，‘小丑’两个字中，‘丑’字本来作‘类’字，或作小孩子解，所以‘小丑’也就是‘小东西’或‘小孩子’，并没有诽谤的意思。”章太炎从文字学的角度进行辩说，听众席上掌声雷鸣，而无知的审判员如坠云雾里，非常尴尬。在这样一位学识渊博、雄辩滔滔的“案犯”前，他们简直不知道怎么审才好了。其中一位审判员在目瞪口呆之际，突然想起章太炎是海内外著名的学问家，肯定是科举正途出身，便小心翼翼探身问道：“您得自何科？”章太炎听此问题，更觉可笑，便故作糊涂，高声回答：“我本满天飞，何窠之有？”“科”与“窠”同音，“满天飞”即浙江方言“老布衣”的意思。

章太炎是个大学问家，给学生讲课时，因为嗜烟，所以一手拿粉笔，另一只手会拿烟卷。有时讲到精彩处，他拿着烟卷便往黑板上板书，引得学生哄堂大笑。更绝的是，章太炎有次在北京讲学，当时北京各大学的主任教授如吴承仕等，侍奉在左右作陪，有的专门板书，有的倒茶水。章太炎讲话乡音很重，别人不易听懂，弟子刘半农便担任翻译。其情其景，给后世留下了尊师重教的佳话。

【引申】

章太炎一生，把立身看成是人生第一要义。他虽是举国公认的国学大师，但在“遗嘱”中嘱咐子孙的却不是学问第一，而是立身第一。他一生刚正不阿，从无媚骨，晚年更是主张“应以范文正、顾亭林两位先生作为立身、行己、为学、做事的标准”，并多次书写他父亲章浚遗训，称之为《家训》，要儿辈毋忘。“妄自卑贱，足恭谄笑，为人类中最庸下者”，“人心妒忌常不能绝，上者忌功害能，其次以贫贱富贵相较，常生忮心，甚乃闻人丧败，喜溢眉宇，幸灾乐祸，祸亦随之”，《家训》中这些话都是教子孙立身做人。

民国学术界“章门弟子”如黄侃、鲁迅、钱玄同、许寿裳、周作人、吴承仕等的迅速崛起，尤为引人注目，以致后来有学者回忆：民国初年北京的文史界泰斗多出于太炎先生之门，许多教授开口便说“吾师太炎先生”。侯外庐先生说：“五四以来，新人与旧人的若干尖端的代表者，同时出现在章氏门下。”在二十世纪，“章门弟子”可谓群星璀璨，名家辈出，已成为我国文史学界一道最为亮丽的文化景观。章门能出那么多杰出人物，这在我国近代教育史上是十分罕见的，与章太炎注重的“立身”家风大有关系。

当然，章太炎指导学生治学，主张独立思考，反对人云亦云，强调实事求是，反对望气而知，这同样是老先生在育才方面取得巨大成就的一个不容忽视的因素。这种既有开拓精神又抱严谨态度的优良学风，在中国现代教育史上产生了重大而深远的影响。

章太炎崇尚朴学，也忠于朴学，做人朴素，做学问朴实，他的一生朴实无华而又光辉灿烂。

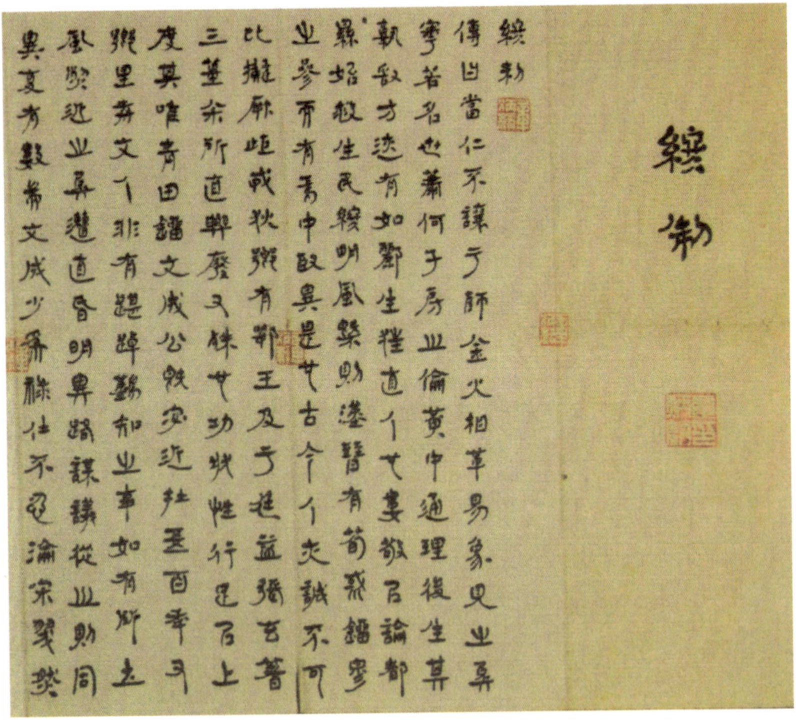

章太炎手书《终制》稿

余杭章太炎故居正门

【箴言】

政治法律，皆依习惯而成，是以圣人辅万物之自然而不敢为，其要在去甚、去奢、去泰。

——章太炎《大共和日报发刊辞》

诸君子职在建言，讦谟定命，岂忘国家久安之计，而徇朋友利禄之情，吾以为必不然矣。

——章太炎《致南京参议会论建都书》

无意求官，问天下英雄能不入彀者有几辈；以身试法，为我国言论力争自由之第一人。

——张元济挽章太炎联

后　记

近来，家风建设越来越得到社会的广泛关注，传统家风家规呈现出深厚的社会基础和旺盛的时代生机。人们愈发认识到，家庭是社会的单位，家训家规的好坏也关系到社会风气的优良与否。

浙江传统文化深厚，许多大家族延续多年，留下了丰富的家规文化。为了进一步发掘宝贵的文化遗产，汲取精华，去除糟粕，使之在今日发挥作用，浙江省纪委宣传部和浙江人民美术出版社共同策划编辑了这本《浙江传统家规读本》。

本书精选三十九个人物或家族的家训家规故事，每篇分为“原典”“家规故事”“引申”和“箴言”四部分。其中“原典”部分是该人物所说的具有家训家规意味的原话或历史上关于其人的记载、评价等内容；“家规故事”具体介绍家风家规相关的故事；“引申”是对家训家规内容或人物评价的扩展；“箴言”部分则主要是与人物或家族的家训家规相关的名言警句。

本书配有插图，文字生动平易，阅读性强，对弘扬浙江家训家规文化具有积极的传播作用。

本书在编撰过程中得到各市纪委宣传部的参与和支持，并提供了相关家规资料和图片，在此郑重感谢！

本书的具体撰写由程彩霞、王绪福、张立、赵树鹏、柴杰、林青华、张礼钰、韩让、夏延、潘佼江、罗卫琴等同志完成。由于时间仓促，文中疏漏难免，还请方家指正！